Manfred Kiesel

Kreativer Kunstunterricht in der Grundschule

Zwischenaufgaben

Auer Verlag GmbH

Gedruckt auf umweltbewusst gefertigtem, chlorfrei gebleichtem
und alterungsbeständigem Papier.

1. Auflage 2009
Nach den seit 2006 amtlich gültigen Regelungen der Rechtschreibung
© by Auer Verlag GmbH, Donauwörth
Alle Rechte vorbehalten
Das Werk und seine Teile sind urheberrechtlich geschützt. Jede Nutzung in anderen als den gesetzlich zugelassenen
Fällen bedarf der vorherigen schriftlichen Einwilligung des Verlages. Hinweis zu § 52a UrhG: Weder das Werk noch
seine Teile dürfen ohne eine solche Einwilligung eingescannt und in ein Netzwerk gestellt werden. Dies gilt auch für
Intranets von Schulen und sonstigen Bildungseinrichtungen.
Schülerarbeiten, Fotos, Kopiervorlagen: Manfred Kiesel
Umschlaggestaltung: Glas AG, Seeheim-Jugenheim
Abbildungen: Schülerarbeiten aus Autorenarchiv
Satz: Fotosatz H. Buck, Kumhausen
Druck und Bindung: Kessler Druck + Medien GmbH, Bobingen
ISBN 978-3-403-06461-9

www.auer-verlag.de

INHALT

Vorwort 4

Zwischenaufgaben 5

Was hängt denn da am Spielkreuz? 6
So ein Schnabel! 8
Ein Denkmal wird eingerüstet 10
Ein Denkmal wird farbig renoviert 12
Die besonderen Käfer treffen sich 14
Ein Bild mit Verbindungslinien 16
Da fehlen noch die Personen 18
Die Schlittenfahrer im Winternebel 20
Farbige Seile an der Kletter- und
Turnwand 22
Blumensträuße zum Ergänzen 24
Bunter Bänderschlängeltanz 26
Wettererscheinungen in Farbe 28
Weihnachtsengel, leicht zerknittert 30
Wolkenbilder 32
Herbstgesichter 34
Frühling, Sommer, Herbst und Winter .. 36
Kleines Sturmbild 40
Der große Umzug der Zeichen 42
Geburtstagstorten 44
Eine spezielle Tierergänzung 46
Bunte Bausteine 48
Eine ganz besondere Schneckenparade 50
Dekorative Farbfiguren 52
Fantastisches Allwetterrad 56
Punkte für Verbindungslinien finden ... 58
Darüber habe ich mich sehr gefreut.... 60
Eine (Gesichts-)Hälfte fehlt 62
Neue Pilze für Wald und Wiese 64
Achtung, kopfüber! 68
Meine eigenen Motivkarten 70
Am Nachthimmel 72
Eine total verrückte Modellauto-Rennbahn 74
Ein besonderer Blick! 76
Abstraktionen mit dicken Stiften 78
Im Netz gefangen 80
Roboter mit Riesenkopf 82

Mal nicht mit Wolle gestrickt 84
Überall gespannte Drähte und
bunte Schallwellen 86
Einfache Rasterflächenbilder 88
Bunte Rasterflächenbilder 90
Ich mische mir verschiedene Fruchtsäfte 92
Plötzliches Schneegestöber 94
Mehr Äste und mehr Beeren 96
Roter Mohn mit gebogenen Stängeln .. 98
Explosion der Farbfläschchen 100
Ausgestaltung von Handumrissen 102
Pilzversammlung 104
Muster-Erfinder 108
Erfundenes Vorbild 110
Bekannt wie ein bunter Hund 112
Viele kleine Menschen im Ohr 114
Galoppierende Pferde 116
Ein Schuh verwandelt sich 118
Cool and hot 120
Kombiniertes Tortenspitzenbild 122
Schmetterling mit Fehlern 124
Herbstblätterfigur 126
Im Computermusterland 128
Bunte Sitzfiguren 130
Übermalen von Postkarten usw. 132

Für Gemeinschaftsarbeiten 134

Tanzfiguren fürs Mobile 134
Ausstattung von Schachbrettmustern .. 136
Tanzfiguren für einen Himmelstanz 138

Vorbereitende Aufgaben 140

Farbpapiere zur Weiterverarbeitung
herstellen 143
Farbspritzpapiere herstellen 146
Abklatschpapiere 148
Organisieren und Herstellen von
Sammelobjekten 152

Anhang 155

Vorwort

Zwischenaufgaben können auf unterschiedlichste Arten eingesetzt werden:

- als zeitlicher Puffer für schnell arbeitende Schülerinnen und Schüler;
- als Ergänzungsaufgabe für motivierte Schüler für den Unterricht oder für zu Hause;
- als Alternativaufgabe für stärkere, aber auch für schwächere Schüler;
- als Möglichkeit einer vor- oder nachbereitenden Aufgabe oder Hausaufgabe;
- als vorbereitende inhaltliche Aufgabe für die augenblickliche oder eine folgende Thematik;
- zur praktischen Vorbereitung künftiger Bild- oder Gestaltungsaufgaben;
- zur sukzessiven Gestaltung größerer bzw. zeitaufwändiger Arbeiten;
- zur Herstellung von aufgabenübergreifenden Produkten auch zu bestimmten Zwecken oder Anlässen (z. B. Weihnachtskarten oder Memory-Karten).

Zwischen- bzw. Differenzierungsaufgaben können unterschiedliche Grundkompetenzen fördern:

- fachliche Kompetenzen, indem sie bildnerische Problem- bzw. Aufgabenstellungen vertiefen und erweitern;
- persönliche Kompetenzen, indem eigene Fähigkeiten und Interessen bei der Auswahl berücksichtigt und gefördert werden;
- soziale Kompetenzen, indem die Schüler auch für Mitschüler grundlegende Arbeiten für künftige weiterführende Gestaltungen erledigen und Rücksicht auf das zur Verfügung stehende Material nehmen;
- methodische Kompetenzen, indem die Schüler unterschiedliche Arbeitsanregungen auswählen, das Anspruchsniveau der Aufgabe einschätzen und in Beziehung zur eigenen Leistungsfähigkeit setzen können.

Ich danke Hendrikje Grodde, Stephanie Hartwich und Kerstin Köber für die Mitarbeit.

Manfred Kiesel

Zwischen-aufgaben

als

**Differenzierungsaufgaben
Ergänzungsaufgaben
Vorbereitende Aufgaben**

Sie sollten Ihren Schülerinnen und Schülern erläutern, wie lange und in welchen Phasen bildnerische Aktivitäten in der Regel ablaufen werden. Sie sollten auch möglichst von Anfang an die intendierte Funktion der Zwischenaufgaben für die Schüler transparent machen.

Zwischenaufgaben sollen weder privilegierend noch diskriminierend sein. Sie sollen altersgemäß sein und möglichst nicht anregender sein.

Die noch an der ursprünglichen Problemstellung arbeitenden Schüler sollen möglichst nicht gestört werden, während die Zwischenaufgaben im Sinne der unterschiedlichen Kompetenzanbahnungen eine sinnvolle und ertragreiche Arbeit ermöglichen sollen.

Deshalb sollen die Aufgaben ...

- möglichst schnell und unkompliziert vermittelt werden können (siehe auch Arbeit an Stationen, Arbeiten an Lerntheken);
- möglichst flexibel im Umfang und in der Intensität der Aufgabenstellung und damit auch im erforderlichen Zeitaufwand (keine Ergänzungsaufgaben für Ergänzungsaufgaben!) einsetzbar sein;
- auch einmal in unregelmäßigen Abständen über einen längeren Zeitraum als Ergänzungsaufgabe bearbeitet werden;
- möglichst in Einzelarbeit, zum Teil aber auch in weiteren Sozialformen wie Partnerarbeit oder Kleingruppenarbeit durchgeführt werden können;
- möglichst ohne Betreuung der Lehrkraft durchführbar sein, also eine gewisse Selbstständigkeit und Eigendisziplin der Schüler voraussetzen;
- möglichst die in der Hauptaufgabe angestrebten Kompetenzen komplettieren, ergänzen, vertiefen, sichern, erweitern ...

Neben inhaltlichen, thematischen oder motivischen Überlegungen spielen auch Materialien und Medien eine wichtige Rolle und erfordern geeignete Vorüberlegungen.

So können zum Beispiel thematische Weiterführungen, thematische Variationen eines Motivs oder Themas, technische Variationen eines Motivs sowie andere ergänzende, vertiefende oder weiterführende Aspekte im Sinne von Zwischenaufgaben eingesetzt werden.

Was hängt denn da am Spielkreuz?

Das ist das Spielkreuz einer einfachen Marionette.

Hänge eine Spielfigur deiner Wahl an das Kreuz! Es kann eine ganz verrückt angezogene Figur oder eine Fantasiefigur in Menschen- oder Tiergestalt sein.

- Zeichne zuerst das Spielkreuz mit Bleistift und anschließend die Figur! Drücke nicht stark auf, damit du die Linien einfach wieder ausradieren kannst!
- Zeichne dann mit Holzfarbstiften oder farbigen Filzstiften!
- Male zum Schluss auch das Spielkreuz an!

So ein Schnabel!

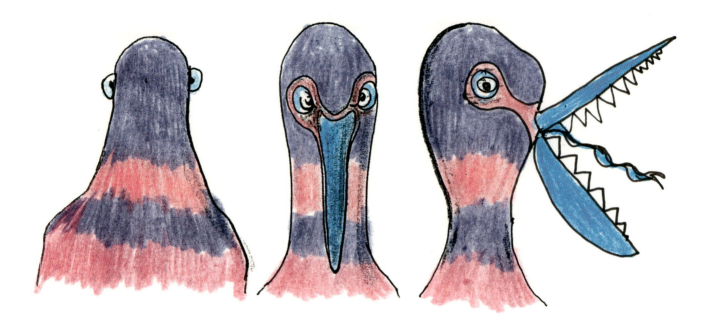

Wenn man einen Menschen nur von hinten sieht, weiß man oft nicht, ob es sich um einen alten oder jungen Menschen handelt, ob er eine kleine oder eine große Nase hat, ob er einen Bart hat, ob er eine Brille trägt…

Den Vogel sieht man von hinten und von vorne. Trotzdem kann man nicht erkennen, welche Form sein großer Schnabel hat.

- Ergänze die dritte Vogelfigur mit besonderen Schnabelformen!
- Skizziere die Schnäbel erst mit Bleistift!
- Male dann mit Holzfarbstiften alle drei Vogelköpfe einer Reihe an!

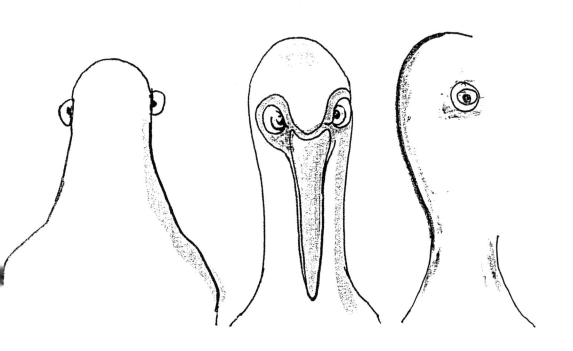

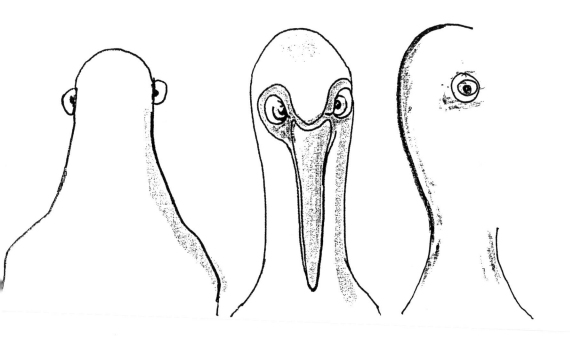

Ein Denkmal wird eingerüstet

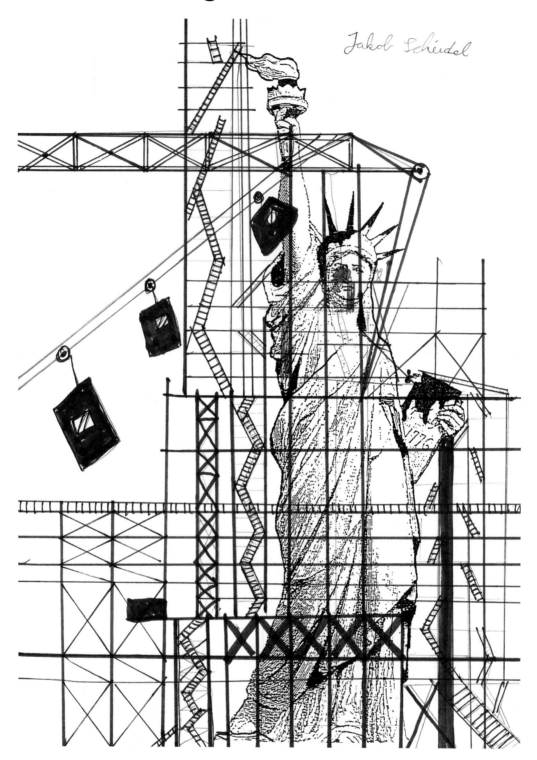

Viele Denkmäler stehen im Freien. Sie sind bei jedem Wetter draußen. Hitze, Regen, Frost schaden der Oberfläche. Damit das hohe Denkmal gesäubert und fehlerhafte Stellen ausgebessert werden können, muss ein stabiles Gerüst gebaut werden.

- Zeichne mit Lineal oder Geodreieck ein stabiles Gerüst um das Denkmal! Das Gerüst sollte mehrere Etagen zum Laufen und Arbeiten besitzen. Man kann die Etagen über Leitern, Treppen oder einen Aufzug erreichen.
- Damit das Gerüst auch stabil steht und nicht hin und her schwankt, müssen vielfältige Verstrebungen eingebaut werden.
- Verwende einen schwarzen Fineliner, Holzfarbstift oder Filzstift!
- Wenn du noch Zeit hast, kannst du kleine Gerüstbauer in dein Gerüst einzeichnen.

Ein Denkmal wird farbig renoviert

Stelle dir vor, ein altes Denkmal aus Holz oder Stein soll nach der Säuberung und Ausbesserung farbig bemalt werden! Du als fantasievolle Künstlerin oder fantasievoller Künstler sollst Vorschläge für die Farbgestaltung machen:

- Überlege dir Farbmuster, Farbstreifen, Farbformen oder Farbfiguren, mit denen du das Denkmal gerne bemalen möchtest!
- Du kannst auch die verschiedenen Vorschläge kombinieren, also zum Beispiel Farbstreifen mit Farbpunkten oder Schachbrettmuster mit Blumen!
- Zeichne und male mit Holzfarbstiften und/oder Filzstiften!

Die besonderen Käfer treffen sich…

Wenn sich die besonderen Käfer treffen, kommen nicht die bekannten Maikäfer, Mistkäfer oder Marienkäfer. Da kommen die Streifen-, Schachbrett- und anderen Musterkäfer und die Käfer mit besonderen Köpfen, Körpern, Fühlern, Augen, Fresswerkzeugen und Beinen.

- Die Käfer treffen sich gerne am Astloch eines Baumes. Dafür kannst du ein Stück eines rauen Brettes durchreiben (Frottagetechnik).
- Die Käfer streben von allen Seiten auf das Astloch zu.
- Zeichne möglichst viele verschiedene Käfer mit schwarzem Holzfarbstift oder mit schwarzem Filzstift/Fineliner!

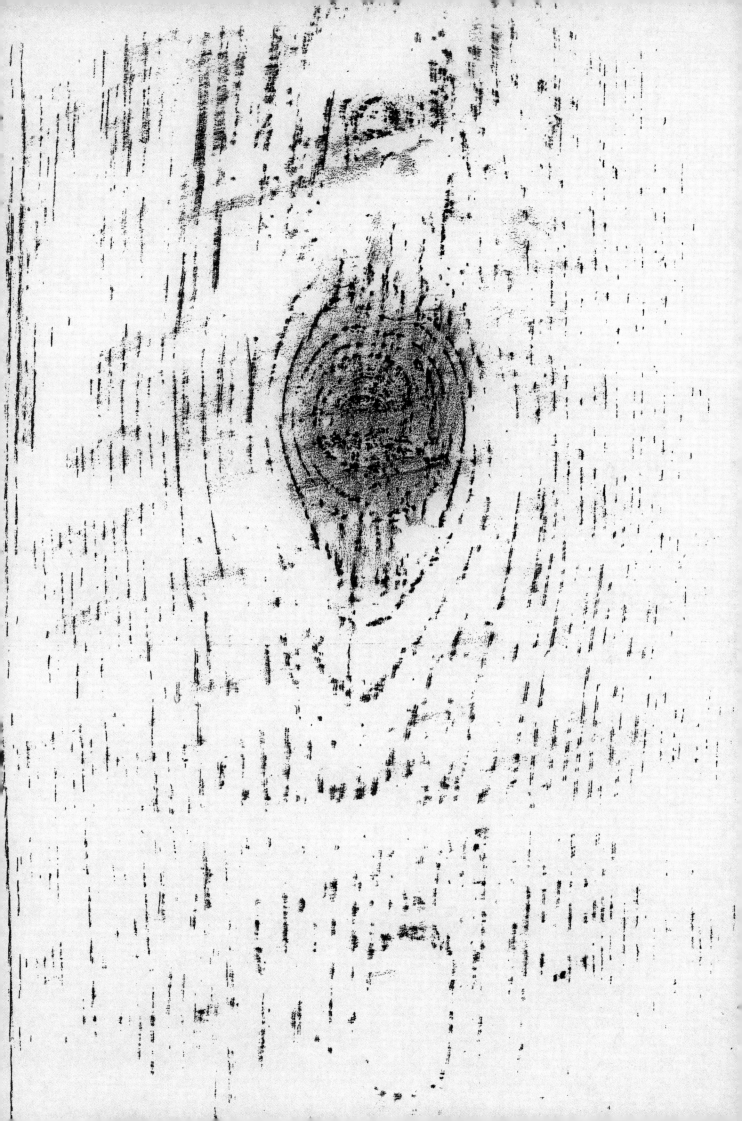

Ein Bild mit Verbindungslinien

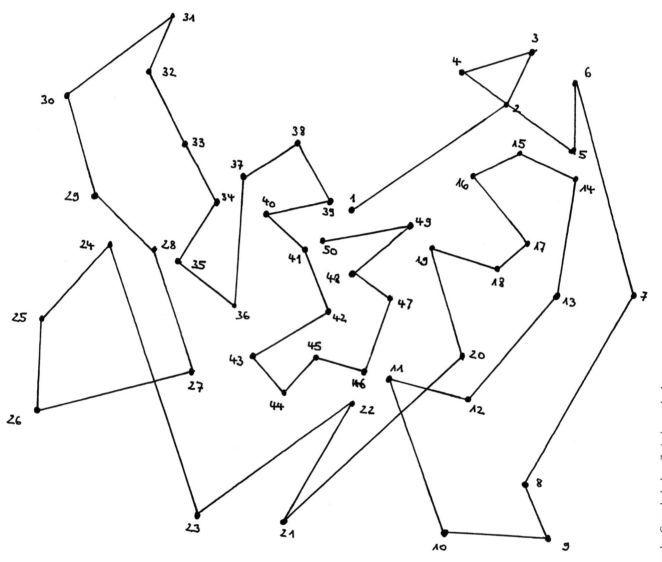

- Wenn du die Punkte der Zahlenreihenfolge nach miteinander verbindest, erhältst du eine Kunstfigur.
- Woran erinnert dich diese Figur?
- Was könnte man aus dieser Figur machen? Wie könnte man sie ergänzen?
- Du kannst zum Beispiel Punkte, die in der Nähe liegen, miteinander verbinden. Du erhältst dann kleinere Flächen zum Ausmalen.
- Du kannst auch versuchen, zusätzlich alle 5er-, 6er-, 7er- und 8er-Zahlen miteinander zu verbinden.
- Nach der Ergänzung kannst du einzelne Flächen der Figur ausmalen oder mit unterschiedlichen Mustern ausfüllen.

Da fehlen noch die Personen

Bei dieser Aufgabe sind hier nur die Kleidungsstücke vorgegeben. Du sollst die Personen dazuzeichnen.

- Du kannst ganz leicht mit Bleistift vorzeichnen.
- Zeichne dann möglichst mit Holzfarbstiften oder Filzstiften.

Die Schlittenfahrer im Winternebel

Stelle dir vor, du siehst die Schlittenfahrer an einem kalten und sehr nebeligen Tag! Durch den Nebel kann man die Dinge nur verschwommen erkennen.

- Nimm bunte Wachsstifte, die nicht wasserlöslich sind!
- Male die Figuren an! Drücke dabei nicht zu stark auf und male die Formen auch nicht zu genau aus!
- Wenn du mit dem Anmalen der Figuren fertig bis, kannst du mit sehr dünner wässriger Farbe um und auch über die Figuren malen. Dabei kannst du verschiedene Blautöne und gemischte Graublautöne verwenden.
- Lass auch einige Bildstellen weiß!

Farbige Seile an der Kletter- und Turnwand

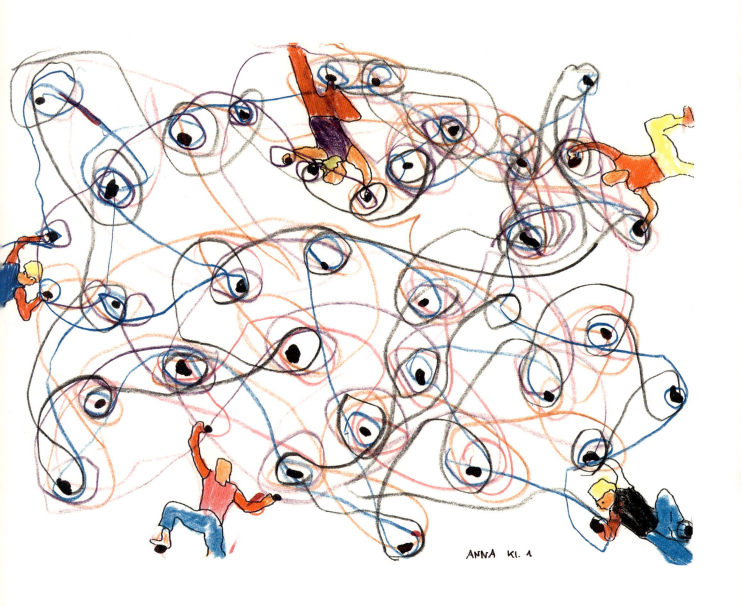

Stell dir vor, an der Kletterwand tummeln sich nicht nur Bergsteiger und Kletterer, sondern auch bunte Kletterseile!

Die Kletterseile sind froh, nicht das machen zu müssen, was die Kletterer von ihnen verlangen.

Sie freuen sich und schlängeln sich fröhlich, ausgelassen und fast wild um die Kletterpunkte. Da geht es drunter und drüber, rauf und runter und das immer wieder und immer schneller.

Wenn du viele bunte Kletterseile um die Kletterpunkte eingezeichnet hast, erhältst du ein buntes „Seileschlängelbild".

- Zeichne mit dicken Holzfarbstiften und/oder Filzstiften!
- Versuche mindestens mit einem Farbseil alle Kletterpunkte zu „umfahren"!
- Versuche mit einem Farbseil von einem Kletterpunkt ungefähr in der Mitte des Bildes nach und nach, hin und zurück an mindestens fünf Kletterpunkte an den Rändern der Kletterwand zu gelangen!
- Erfinde für dich und deine Mitschüler noch andere „Seilzeichenaufgaben"!

Blumensträuße
zum Ergänzen

Du kannst die Blumensträuße als Postkarte (DIN A5) oder als größeres Schmuckbild (DIN A4) gestalten.
Dafür entscheidest du dich für eine oder zwei der Vorlagen. Die Vorlagen sind unterschiedlich. Je nach Zeit oder Ideen kannst du sie weiter ausgestalten.

- Zeichne die Umrisse der Blüten mit einem Fineliner!
- Für das Aus- und Anmalen kannst du Holzfarbstifte oder Filzstifte verwenden.
- Du kannst das fertige Bild auch originell ausschneiden und den Blumengruß auf eine Postkarte oder ein Tonpapier kleben.

Bunter Bänderschlängeltanz

Die Tänzerin auf dem Bild tanzt mit langen bunten Bändern. Mit bestimmten Armbewegungen kann sie Kreise, Spiralen, Schlangenlinien, Wellen und andere Figuren „zaubern".

Wenn du viele Bänder mit vielen verschiedenen Formen und Farben nebeneinander und auch übereinander gemalt hast, erhältst du ein „Bänderschlängelbild".

- Zeichne möglichst mit wasserlöslichen Wachskreiden oder Ölkreiden! Du kannst auch dicke Holzfarbstifte verwenden.
- Beginne mit den Schlängelbewegungen möglichst an der linken oder rechten Hand!
- Die Farbstriche sollten möglichst kräftig gemalt werden. Du kannst auch einmal versuchen, zwei oder drei Stifte in deiner Hand zu halten und damit dann Schlängellinien ausprobieren.
- Zeichne ganz viele verschiedene Farblinien!
- Wenn du sehr viele bunte Farblinien mit wasserfesten Stiften gezeichnet hast, kannst du diese Linien mit Wasserfarben übermalen.

Wettererscheinungen in Farbe

Der Himmel gibt immer wieder Anlass zum Staunen. Da gibt es zum Beispiel dunkle Gewitter mit zuckenden grellen Blitzen, die Entstehung eines Regenbogens, Abendrot oder Morgenrot, Sonnenaufgänge oder Sonnenuntergänge.

- Verwende für die Wettererscheinungen weiße oder getönte Schreibmaschinenblätter (DIN-A4- oder DIN-A5-Format) und eine Unterlage!
- Zeichne die Wettererscheinungen mit wasserlöslichen farbigen Wachskreiden! Drücke stellenweise stark auf!
- Übermale die restlichen Blattflächen mit Wasserfarben! Die Wasserfarben perlen an den Wachsflächen ab.

Weihnachtsengel,
leicht zerknittert

Für diese Aufgabe brauchst du die Kopiervorlage, einen Buntstift für die Haut und bunte Papierreste von Zeitungen, Prospekten oder eigenen Farbversuchen.

- Male Gesicht, Arme und Füße mit „Hautfarben" und die Trompete möglichst in einem leuchtenden Gelb an!
- Wähle aus den farbigen Papieren einzelne Stücke aus, zerknittere sie durch Zusammenknüllen!
- Entfalte die zerknüllten Stücke und streiche sie vorsichtig glatt!
- Schneide oder reiße die geglätteten Stücke in selbst gewählte Formen und klebe sie auf die Engelsfigur!

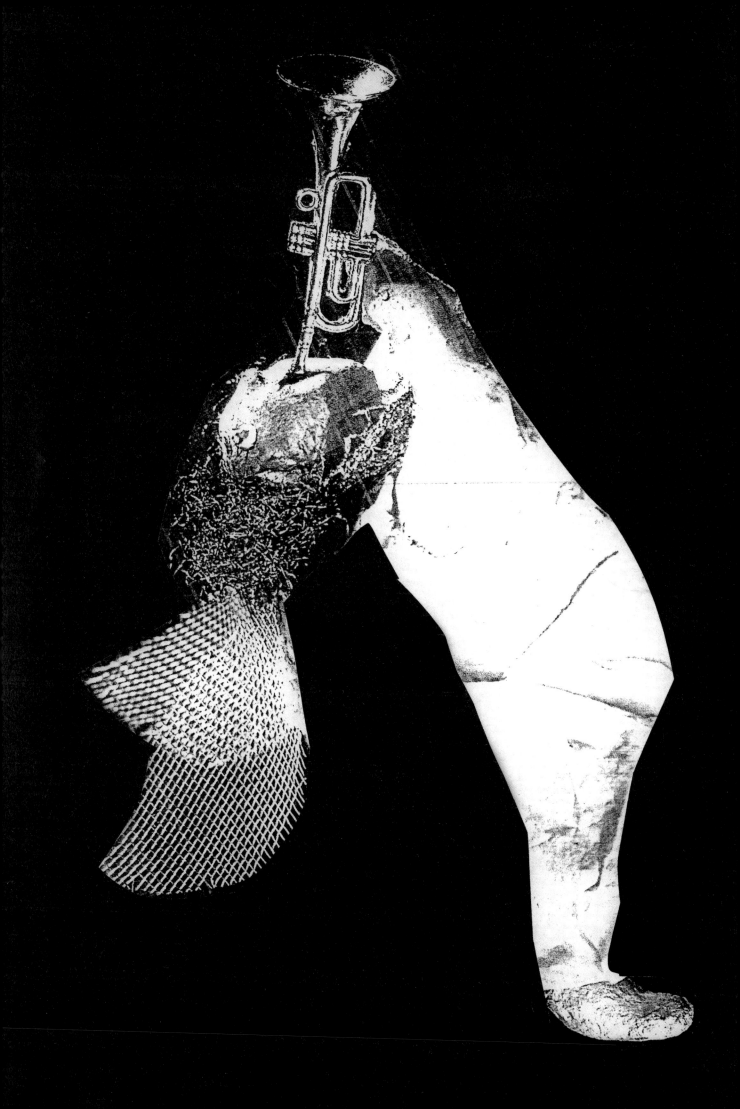

Wolkenbilder

Wolken kommen und gehen. Sie können sich rasch verändern und dabei ganz unterschiedliche Formen und Figuren bilden. Mit etwas Fantasie können Wolkenformen an Gesichter, Figuren oder Tiere erinnern.

- Verwende für deine Wolkenformen weiße Schreibmaschinenblätter (DIN A4) Flüssigkleber und eine Unterlage!
- Zeichne die Wolkenformationen vorsichtig und sparsam mit dem Flüssigkleber auf das Blatt! Du kannst den Flüssigkleber auch mit einer Fingerspitze verteilen und so die Figuren ausfüllen oder noch genauer gestalten.
- Übermale die gesamte Blattfläche mit blauer Wasserfarbe! Die Farben kannst du auch aus unterschiedlichen Blautönen mischen.
- Der wasserdichte Alleskleber stößt die Wasserfarbe ab.

Herbstgesichter

Der Künstler Giorgio Arcimboldo hat die Jahreszeiten auf eine ganz besondere Art dargestellt. Er malte zum Beispiel für den Sommer keine Landschaft, sondern setzte aus lauter Sommerfrüchten einen Kopf zusammen.

Etwas Ähnliches kannst du auch für den Herbst machen.

- Nimm für den Bildgrund ein farbiges DIN-A4-Blatt (farbiges Schreibmaschinenpapier oder Tonpapier)!
- Zeichne auf ein zweites farbiges Blatt den Umriss einer typischen Herbstfrucht möglichst groß auf! Das kann zum Beispiel eine Weintraube, eine Rübe, eine Kartoffel, ein Apfel, eine Birne oder eine andere Frucht sein!
- Schneide deine Figur aus und lege sie auf das Blatt!
- Schneide nun aus Prospekten weitere Herbstfrüchte aus und ordne sie auf der Figur so an, dass ein Gesicht entsteht! Denke vor allem an Mund, Nase und Augen!
- Wenn dir dein Herbstgesicht gefällt, kannst du die Bildteile aufkleben.

Frühling, Sommer, Herbst und Winter

Die Jahreszeiten spielen im Jahresablauf für Kinder eine wichtige Rolle. Oft werden mit den Jahreszeiten typische Tätigkeiten, Ereignisse oder Wetterverhältnisse in Verbindung gebracht, vgl. Schülerarbeit auf Seite 158.

Bei dieser Gestaltungsaufgabe geht es um typische Farben einer Jahreszeit, die gezielt für ein Bild eingesetzt werden. Dabei ist nur die hauptsächliche übergeordnete Farbwirkung wichtig. Anhaltspunkte für die Gestaltung können sein:

Frühling: Helle, freundliche Farben, zum Teil mit Deckweiß mischen

Sommer: Leuchtende, kräftige Farben mit vielen Grüntönen

Herbst: Bunte Farbmischungen, die an Herbstlaub erinnern

Winter: Vorwiegend kalte Blau- und Türkis-Farbtöne

- Für den Frühling, den Sommer, den Herbst und den Winter gibt es eine Schriftvorlage. Die Wörter sind aber so geschrieben, dass man sie fast nicht mehr lesen kann. Die Buchstaben sind durcheinander, stehen teilweise auf dem Kopf und gehen auch über- und untereinander. Du kannst natürlich auch deine eigene Schriftvorlage zeichnen. Probiere dies mit einer passenden Jahreszeit!
- Du sollst die Schriftvorlage durch deine Farben wieder „lesbar" machen. Man soll an den Farben erkennen, um welche Jahreszeit es sich handeln muss!
- Man kann die Bildvorlage auch auf DIN A3 vergrößern.
- Verwende Wasserfarben, Deckweiß und einen Borstenpinsel! Damit dein Bild schneller vollständig mit Farben ausgefüllt ist, kannst du mit einer ermischten Farbe zwei oder mehrere Felder bemalen. Du kannst flächig malen, Flächen zum Teil auch tupfen oder stricheln. Du kannst später auch bereits bemalte Farbfelder stellenweise mit Farbtupfern ausgestalten.

Kleines Sturmbild

So ein Sturm hat es in sich …! Er wirbelt Blätter, Staub und Erde hoch, biegt Äste, jagt Hüte weg, klappt Schirme um, lässt Kleidungsstücke flattern und treibt die Wolken weg.

- Zeichne/male zuerst mit einem dicken Borstenpinsel und wässrigem Schwarz einen Herbststurm! Die Sturmlinien bilden ein wildes, mal mehr oder weniger dichtes Liniengewirr oder spiralförmige Kreise wie bei einem Wirbelsturm! Wenn es schneller gehen soll, benutze die Kopiervorlage!
- Wenn die Sturmlinien fertig und getrocknet sind, zeichne herumfliegende Blätter Hüte, Kleidungsstücke und Kleinteile ein! Du kannst auch noch Menschen mit flatternden Schals und umgedrehten Schirmen zeichnen, wie sie sich gegen den Sturm stemmen oder wie Äste sich biegen.

Der große Umzug der Zeichen

Am Fantasietag sind auf der Straße oder an der großen Straßenkreuzung viele Zeichen unterwegs. Sehr viele nehmen am großen Umzug der Zeichen teil und an den Straßenrändern versammeln sich eine große Menge Zuschauerzeichen.

- Zeichne zuerst eine Straße oder eine Straßenkreuzung!
- Als Zeichen kannst du Buchstaben, Ziffern, Satzzeichen, Zeichen von der Computertastatur und natürlich auch selbst erfundene Zeichen nutzen.
- Du kannst Kugelschreiber, Füller, Fineliner oder Buntstifte verwenden.
- Die Zeichen können einzeln auftreten, in kleinen und großen Gruppen, geordnet oder durcheinanderstehen, Reihen, Kreise oder andere Formationen bilden.

Geburtstagstorten

Wenn du eine Glückwunschkarte oder eine Einladungskarte für einen Geburtstag brauchst, kannst du dir mit der Kopiervorlage selber eine Karte herstellen.

- Zeichne möglichst mit guten Holzfarbstiften und verwende vorwiegend helle Farben!
- Helle Farben, die wie mit etwas Weiß gemischt aussehen und oft auch eine samtartige Wirkung haben, nennt man Pastellfarben. Denke dabei an verschiedene Sorten, Crémes, Milchspeiseeis, Puddings oder Milchshakes!
- Male die einzelnen Teile der Geburtstagstorte mit Pastellfarben aus! Sollen es Schlagsahneteile sein, kannst du die Flächen auch weiß lassen.
- Schneide deine angemalte Geburtstagstorte aus und klebe sie auf einen farbigen Karton oder eine farbige Klappkarte! Du kannst noch einen kleinen Text dazuschreiben und auch kleine Sticker oder Minibilder dazukleben.

Eine spezielle Tierergänzung

Von dem Tier auf dem Arbeitsblatt kann man leider nicht mehr viel erkennen. Nur die Zehen, zwei Beine und ein Stück des Körpers sind zu erkennen.

Tröstlich ist, dass du weißt, wie du die Haut des Tieres gestalten kannst, denn du kannst die Muster nachahmen, aber auch abändern.

- Das Tier soll ergänzt werden. Es handelt sich um ein großes, fast Blatt füllendes nashornähnliches Tier.
- Überlege dir zuerst die äußere Form des Tieres!
- Ergänze den massigen Körper, den dicken Schädel mit einem Horn oder mit mehreren Hörnern sowie die beiden Hinterbeine!
- Zeichne mit einem schwarzen Fineliner möglichst ohne Vorzeichnung! Wenn du vorzeichnen musst, verwende einen Bleistift und zeichne nur die wichtigsten Umrisslinien ein!
- Teile dann die Umrisszeichnung in verschiedene Felder bzw. Körperflächen ein und fülle diese mit besonderen Mustern möglichst sorgfältig und geduldig aus!

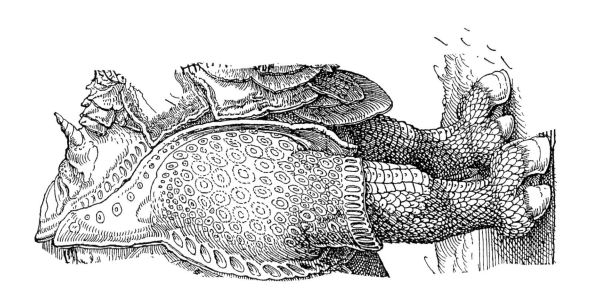

Bunte Bausteine

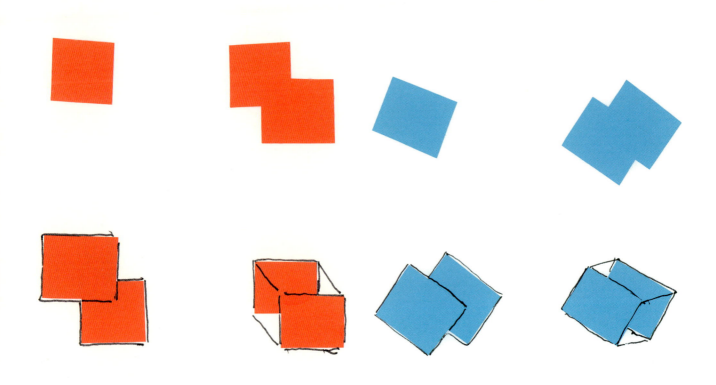

Mit aufgeklebten Papierrechtecken und einigen Verbindungslinien kannst du bunte Bausteine herstellen, die räumlich wirken. Wenn du dafür Transparentpapier benutzt, sieht dein Werk später wie eine Ansammlung bunter Glasbausteine aus.

Du musst bei der Herstellung immer die gleichen Arbeitsschritte beachten.

- Schneide aus Farbpapieren jeweils zwei gleiche rechteckige Formen (Quadrate oder Rechtecke) aus! Wenn du das Papier faltest oder Papierstreifen verwendest, geht es schnell und einfach.
- Klebe zuerst ein Rechteck auf die Papiergrundlage (helles Tonpapier in der Größe DIN A4) und umfahre es an den Rändern mit einem schwarzen oder dunkelfarbigen Fineliner oder Filzstift!
- Klebe jetzt das zweite, gleichgroße Rechteck etwas versetzt (schräg nach unten oder schräg nach oben) so auf das erste Rechteck, dass sich die beiden Rechtecke etwas überdecken (überschneiden)!
- Umfahre jetzt auch das obere Rechteck mit dem Stift und verbinde alle jeweils zusammengehörenden Ecken mit einer Linie! Bei Transparentpapier gibt es vier sichtbare Ecken, bei undurchsichtigem Papier sind es nur drei sichtbare Ecken.
- Verfahre so mit allen weiteren Bausteinen! Beachte, dass die Bausteine auch schräg, durcheinander- und übereinanderliegen können.
- Du kannst das Bausteinbild auch nach und nach bearbeiten.

Eine ganz besondere Schneckenparade

An der Schneckenparade dürfen nur ganz besonders ausgestaltete Schnecken teilnehmen. Die Schnecken sind richtige Verwandlungskünstler. Das solltest du besonders stark verändern: die Fühler, das Fresswerkzeug, die Kriechsohle, das Haus, das Schneckenhinterteil.

- Die Schnecken sollen auf verschiedene Arten ausgestaltet und ergänzt werden.
- Überlege dir zuerst Ergänzungs- und Veränderungsmöglichkeiten für die einzelnen Körperteile des Tieres, z. B. Riesenfühler mit Augen, Haizähne im Schneckenmaul, Schneckenhausergänzungen mit Dach, Schwanzflosse am Hinterteil, kleine Füße fast wie bei einem Tausendfüßler!
- Zeichne mit einem schwarzen Fineliner möglichst ohne Vorzeichnung! Wenn du vorzeichnen musst, verwende einen Bleistift und zeichne nur die wichtigsten Dinge ein!

Dekorative Farbfiguren

Du kannst mit einfachem Material sehr wirkungsvolle und dekorative Bilder herstellen. Am besten wäre es, wenn deine Lehrerin oder dein Lehrer einen kleinen Vorrat an Geschenkpapieren kauft oder sammelt. Geschenkpapiere gibt es oft sehr günstig in Warenhäusern, Bau- und Drogeriemärkten in Form von Rollen oder Bögen. Besonders gut geeignet sind klein gemusterte bunte, auffällige Designs.

- Du entscheidest dich für eine Geschenkpapierart, für einen dazu passenden Bildgrund und natürlich auch für eine Figur oder Form.
- Zeichne den Umriss der Figur mit einem Stift auf die Vorder- oder Rückseite des Geschenkpapiers! Du kannst die Figur frei erfinden oder eine Figur durchpausen bzw. bei einer ausgeschnittenen Vorlagefigur den Umriss nachfahren.
- Schneide die Figur so aus, dass die aufgezeichneten Linien möglichst nicht mehr sichtbar sind!
- Klebe die Figur auf den Bildgrund (farbiges Tonpapier DIN A4 bis DIN A3) und stelle dein Werk aus! Später kannst du es verschenken oder bei dir zu Hause aufhängen.

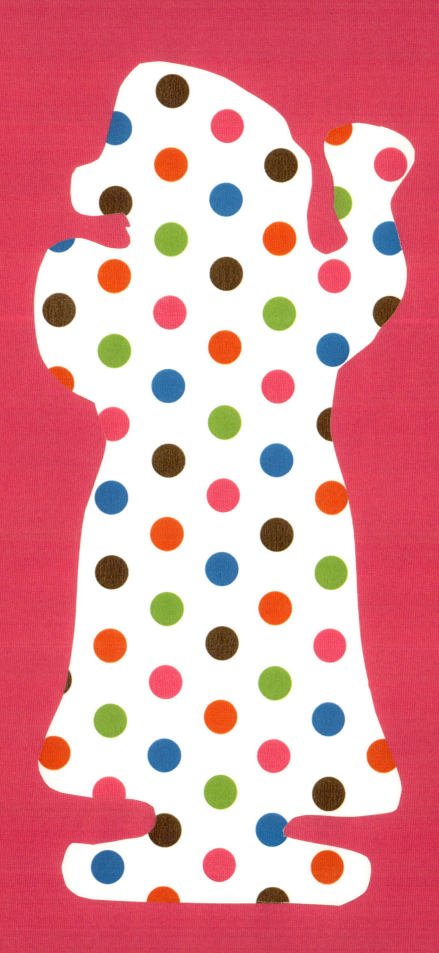

Fantastisches Allwetterrad

Mit dem Allwetterfahrrad kann man auch bei strömendem Regen und bei großer Hitze fahren, denn man kann ein Dach ausfahren oder Schirme ausklappen. Auch sonst hat dein Allwetterfahrrad noch einige Besonderheiten.

- Überlege dir einige besondere Ausstattungen für dein Fahrrad! Das könnten zum Beispiel ein Kleinfernseher, ein Minikühlschrank, ein Bett, ein Liegestuhl, ein Navigationssystem oder ein kleiner Hilfsmotor sein.
- Zeichne dann mit Finelinern, Holzfarbstiften oder Filzstiften deine Ausstattungen in und um das abgebildete Fahrrad!

Punkte für Verbindungslinien finden

Aufgaben:

- Finde bei dieser Figur selbst Punkte, die miteinander verbunden ungefähr diese Figur ergeben! Versuche, zuerst mit möglichst wenig Punkten auszukommen!
- Du kannst deine Verbindungspunkte entweder direkt auf das Bild zeichnen, ein Transparentpapier auf das Bild legen oder das Bild mit einem darübergelegten Schreibmaschinenblatt an die Fensterscheibe kleben und dort die Punkte festlegen.
- Probiere mindestens zwei Möglichkeiten aus!
- Du kannst die Arbeit auch kopieren. Abschließend können du oder deine Mitschüler ausprobieren, ob die Verbindungspunkte gut gesetzt wurden und damit die Figur gut erkennbar ist.
- Versuche auch einmal, möglichst viele Punkte innerhalb der Figur mit Strichen zu verbinden!
- Benutze einen schwarzen Fineliner oder einen schwarzen Filzstift!

Darüber habe ich mich sehr gefreut

Mein Name ist
Elisa Janin Haag

Ich habe mich darüber sehr gefreut:

Bei dieser Aufgabe kannst du dich an eine Begebenheit erinnern, bei der du dich sehr gefreut hast.

- Wenn dir keine passende Begebenheit einfällt, kannst du auch ein Ereignis erfinden.
- Denke an Personen (Eltern, Geschwister, Verwandte, Freunde usw.), an Tiere, Pflanzen, Ferienerlebnisse, Hobbys, Spielsachen, Geburtstage oder andere Feiern oder besondere Ereignisse!
- Zeichne dich und die Situation möglichst mit Holzfarbstiften oder Filzstiften!
- Deine Mitschüler sollen beim Betrachten deines Bildes möglichst sofort erkennen, warum du dich gefreut hast.
- Du kannst deinem Bild eine Überschrift oder einen Untertitel geben. Auch Sprech- oder Denkblasen können eingesetzt werden.

Mein Name ist

Ich habe mich darüber sehr gefreut:

- Zeichne dich mit Holzsfarbstiften oder anderen Buntstiften möglichst groß!
- Finde oder erfinde ein Erlebnis, bei dem du dich sehr gefreut hast! Denke an Personen (Eltern, Geschwister, Verwandte, Freunde), an Tiere, Pflanzen, Urlaub, Spielsachen, Geschenke, Hobbys und andere Dinge!
- Deine Mitschüler sollen beim Betrachten deines Bildes möglichst sofort erkennen, warum du dich gefreut hast.

Eine (Gesichts-)Hälfte fehlt

Die Gesichter und Dinge sind nur zur Hälfte abgebildet. Versuche, die andere Hälfte dazuzuzeichnen!

- Du kannst für die Ergänzungen nur die wichtigsten Linien einzeichnen, zum Beispiel bei Gesichtern Auge, Nase, Lippe, Gesichtsform und Ohren.
- Bei schwierigen Aufgaben kannst du mit Bleistift leicht vorzeichnen.
- Du kannst die fehlenden Hälften, aber auch mit Holzfarbstiften oder Filzstiften ergänzen.

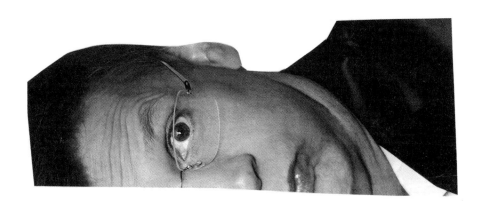

Neue Pilze für Wald und Wiese

Pilze sehen nicht nur sehr interessant aus, sie haben teilweise auch Namen, die uns zum Staunen oder zum Schmunzeln bringen. Kennst du den schwefelgelben Korallenpilz, den bläulichen Träuschling, den rotarmigen Tintenfischpilz, den Trompetenpfifferling oder eine Grubenlorchel?

- Wie stellst du dir diese Pilze vor?
- Versuche einen von diesen Pilzen zu zeichnen und suche ihn später dann in einem Pilzbestimmungsbuch!

- Verwende ein DIN-A4-Blatt oder einen Malblock, Wachsstifte, Wasserfarben und einen Borstenpinsel!
- Du kannst zwei Minuten ganz leicht mit Bleistift vorzeichnen.
- Zeichne dann mit wasserabstoßenden Wachskreiden die Umrisse des Pilzes möglichst groß auf das Blatt!
- Male dann die Pilzteile und zum Schluss die Umgebung mit Wasserfarben so an, dass man den Pilz gut erkennen kann!

Achtung, kopfüber!

Vielleicht hast du auch schon einmal die Welt kopfüber gesehen. Meist sieht man die Welt kopfüber, wenn man sich, an den Knien eingehakt, kopfüber herunterhängen lässt. Die Welt sieht dann ganz anders aus.

Dein Blick wird auch verunsichert, wenn man Dinge normal, gleichzeitig aber andere kopfüber sieht.

Ein solches Bild kannst du selbst zeichnen oder auch durch Ausschneiden und Aufkleben von Bildausschnitten (Figuren, Gesichter, Gegenstände usw.) herstellen.

- Beachte die Trennlinie in der Bildmitte!
- Zeichne und/oder klebe Figuren ganz normal gesehen über die Mittellinie! Es können ganze Figuren oder nur teilweise abgebildete Figuren sein.
- Drehe dann das Bild um, sodass die Dinge auf dem Kopf stehen!
- Zeichne und/oder klebe nun die anderen Figuren wieder ganz normal über die Mittellinie!
- Jetzt betrachte das merkwürdige „Normal- und Kopfüberbild" und zeige es deinen Mitschülerinnen/Mitschülern!

Meine eigenen Motivkarten

Die Vorlage sieht ein wenig wie ein Regal mit unterschiedlichen Fächern aus. Diese Fächer sind leer oder schon teilweise mit Motiven besetzt. Du kannst dir – je nach zur Verfügung stehender Zeit – ein leeres Regalfach oder schon besetzte Regalfächer aussuchen. Zeichne dir Dinge ein, die du magst, die dir gefallen! Das bereits fertig gezeichnete Regal kannst du stellenweise oder ganz anmalen.

- Zeichne mit einem schwarzen Fineliner möglichst ohne Vorzeichnung! Wenn du vorzeichnen musst, verwende einen Bleistift und zeichne nur die wichtigsten Dinge ein!
- Beachte die unterschiedlichen Fachgrößen und Fachformate und zeichne möglichst Format füllende Dinge ein!
- Du kannst deine Zeichnung später auch ganz oder teilweise mit Farbstiften oder Filzstiften anmalen.

Am Nachthimmel

Am Nachthimmel geschehen ungewöhnliche Dinge. Da können zum Beispiel lustige oder schreckliche Gespenster auftauchen. Überlege dir noch andere Fantasiewesen!

- Zeichne die Figuren möglichst ohne Vorzeichnung! Wenn du mit Bleistift oder weißem Holzfarbstift vorzeichnest, solltest du dich auf das Notwendigste beschränken!
- Für die Zeichnung brauchst du einen Korrekturstift oder weiße Tusche und eine Feder.
- Zum Aus- und Anmalen des unteren Landschaftsteils kannst du Holzfarbstifte, Filzstifte oder Wasserfarben verwenden.

Eine total verrückte Modellauto-Rennbahn

Es gibt ganz einfache Rennbahnen, wie zum Beispiel in Form eines Kreises oder eines Ovals. Es gibt auch welche mit zusätzlichen Kurven, mit Über- und Unterführungen und sogar mit Überschlag fast wie bei der Achterbahn und Todesspirale.

- Deine Autorennbahn soll möglichst das gesamte Blatt ausfüllen.
- Es sollen viele Kurven und auch Kreuzungen eingebaut werden.
- Du kannst wie bei einem Irrgarten auch kurze Irrwege, also Stichstraßen einbauen, die nicht mehr weitergehen.
- Du kannst deine Streckenführung grob mit Bleistift skizzieren oder auch sofort mit Filzstiften oder Holzfarbstiften zeichnen.

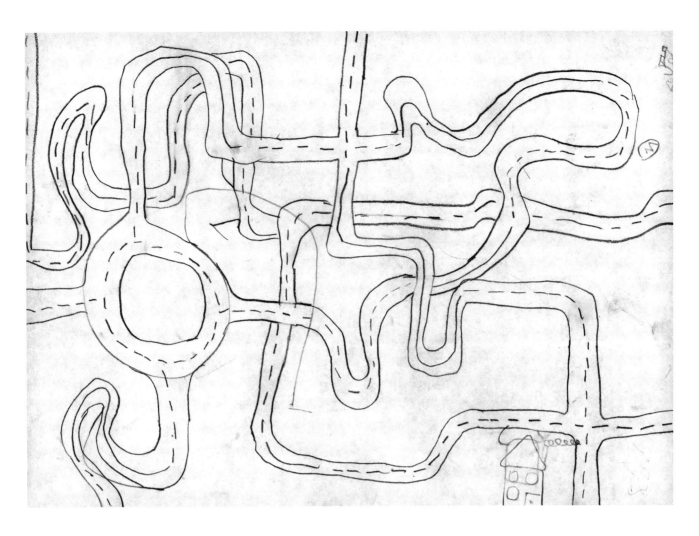

Ein besonderer Blick!

Du siehst eine Person, die auf ein Bild blickt. Der schwarze Rahmen kann ein Bilderrahmen oder ein Festerrahmen sein. Die große Frage ist, worauf die Person so gespannt blickt. Lass dir etwas Schönes oder Spannendes einfallen!

- Zeichne mit Holzfarbstiften und/oder Filzstiften!
- Du kannst deine Zeichnung auch über den Rahmen hinaus fortsetzen.
- Du kannst auch mit einem kleinen Borstenpinsel und mit Wasserfarben malen, denn es müssen nicht unbedingt Gegenstände oder Situationen gemalt werden. Du kannst auch das Bild nur mit Farbpunkten, Farbflecken, Farbstrichen oder Farbmustern gestalten.

Abstraktionen mit dicken Stiften

Abstrakte Kunst will nicht an die Wirklichkeit erinnern wie zum Beispiel ein Zeitungsfoto. Bei abstrakter Kunst kann man meist nur Formen und Farben, aber keine Menschen oder Gegenstände erkennen.

Wenn man die Figuren eines Zeitungsfotos mit dicken Linien umfährt, kann man diese nicht mehr genau erkennen. Das ergibt eine besondere Wirkung.

Probiere einfach einmal einige Bilder aus!

- Wähle möglichst aus Zeitungen Farbfotos aus, denn da ist die Wirkung meist stärker als bei Schwarz-Weiß-Bildern!
- Am schnellsten geht das Umfahren wichtiger Linien mit einem ganz dicken Filzstift.
- Beginne zunächst mit dem Umfahren aller großen Farbformen, dann können die Farbformen immer kleiner werden! Du kannst bei einem Bild auch versuchen, nur gerade bzw. eckige Linien einzuzeichnen.

Im Netz gefangen

Netze werden oft eingesetzt und sind meistens sehr sinnvoll. Sie können zum Beispiel für Menschen einen guten Zweck erfüllen, während zum Beispiel Schleppnetze in der Fischerei für Tiere eine große Gefahr sind.

In dem abgebildeten Netz wurden Meerestiere gefangen. Welche Tiere gefangen wurden, kannst du selbst entscheiden. Es können verschiedene Fische, Schildkröten, Kraken, Krokodile oder etwas anderes sein.

- Du kannst entweder den Umriss beziehungsweise die Form deines Tieres zum Beispiel mit gelber Farbe vorzeichnen, du kannst aber auch dein Tier mithilfe des Netzgeflechts nach und nach durch Ausmalen der kleinen Flächen aufbauen.
- Verwende für die Figur Holzfarbstifte oder Filzstifte!
- Dein Tier soll sich gut von der Umgebung abheben. Male die Umgebung mit Wasserfarben oder dicken Holzstiften an!

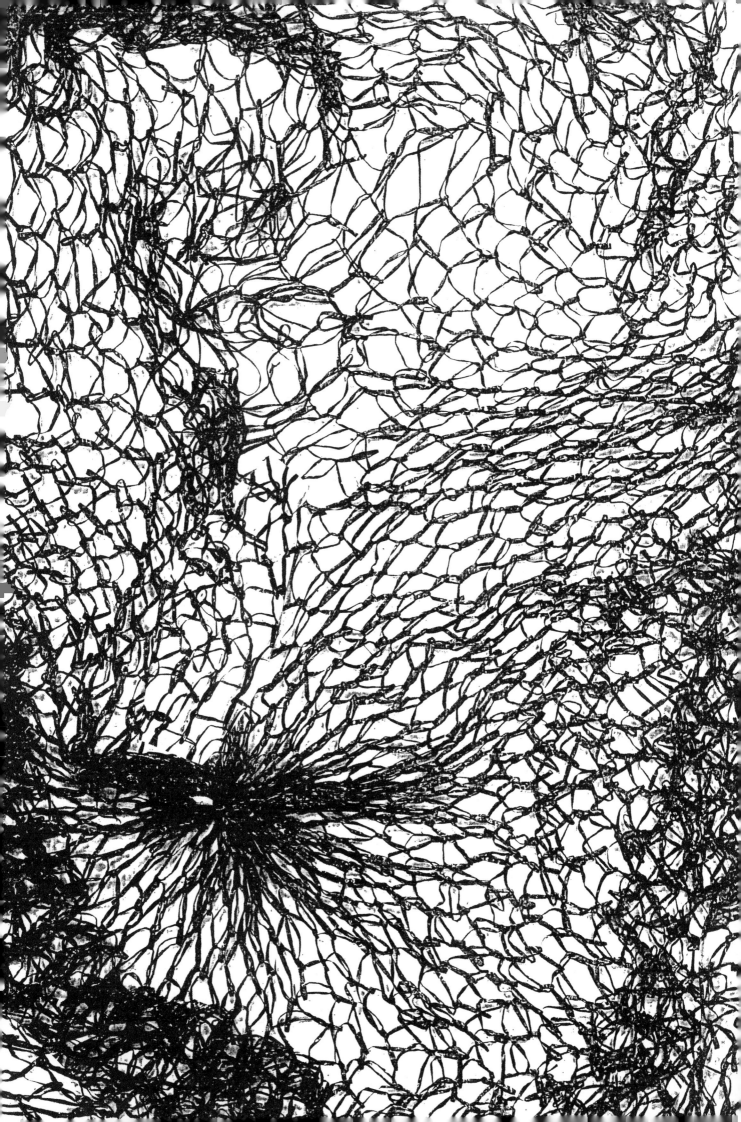

Roboter mit Riesenkopf

Dieser Roboter sieht aus wie ein künstlicher Maschinenmensch. Er ist fast perfekt, aber es fehlt der Kopf. Da es ein besonderer Kopf werden soll, wäre der Roboter-Erfinder froh, wenn er viele verschiedene Vorschläge bekommen könnte.

Weil der Kopf der wichtigste Körperteil ist, muss er besonders groß gestaltet werden.

Der Kopf soll natürlich auch aus verschiedenen Maschinenteilen oder technischen Teilen zusammengesetzt werden, zum Beispiel Zahnräder, Schrauben, Lampen, Kabel, Spiralfedern und Ähnliches.

- Zeichne mit einem schwarzen Filzstift und setze den Kopf aus einzelnen Teilen zusammen!
- Fülle einige Zwischenräume deiner Zeichnung mit einem weichen Bleistift dunkelgrau aus, so passt dein Kopf besser zum Körper!
- Zum Schluss kannst du die gesamte Figur mit einer oder mit zwei Umrisslinien umfahren.

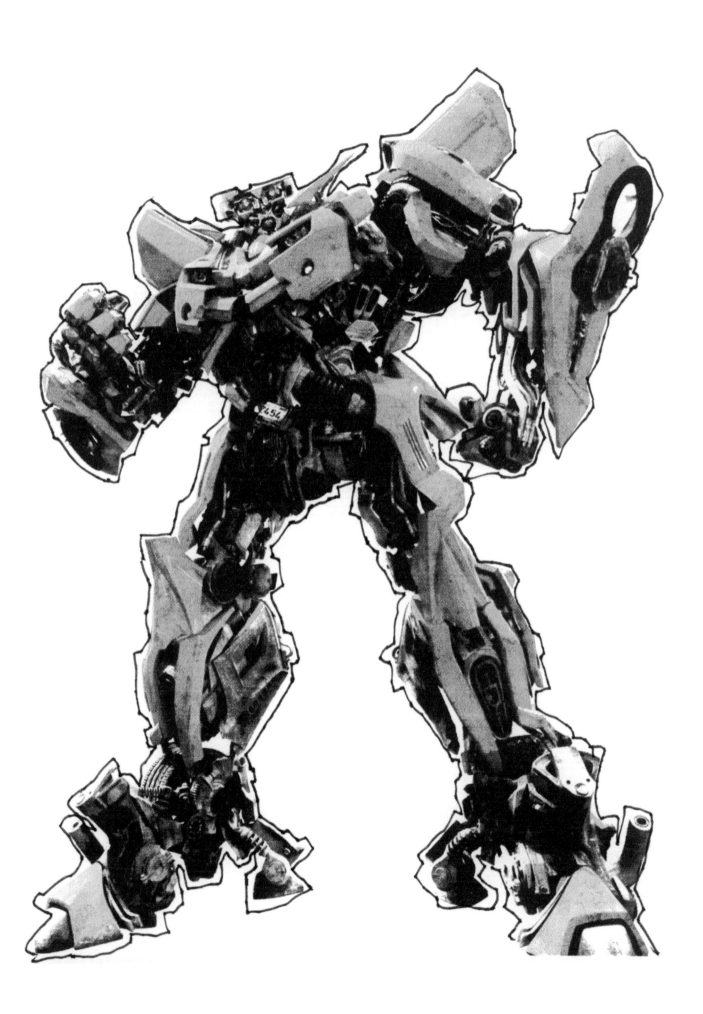

Mal nicht mit Wolle gestrickt

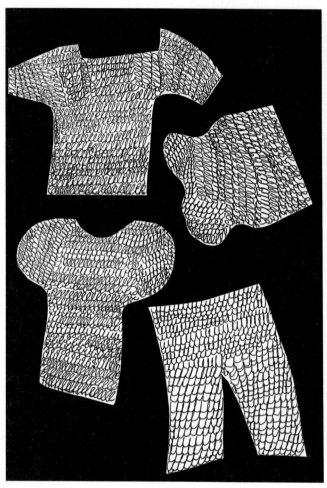
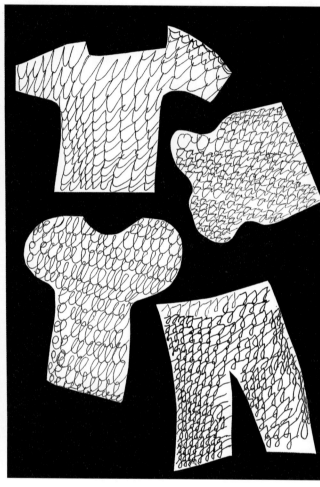

Stelle dir vor, der Strickfaden ist eine Linie, die du auf das Papier schreibst! Du kannst mit zusammenhängenden Buchstaben Reihe für Reihe „stricken".

- Suche dir zuerst Buchstaben in Schreibschrift aus, die du gut und schnell schreiben kannst! Verwende Füller, Kugelschreiber oder Fineliner!
- Schreibe zuerst eine Reihe mit deinen Buchstaben! Die zweite Buchstabenreihe muss die erste Reihe mindestens berühren. Es kann aber auch kleine Überschneidungen mit der ersten Reihe geben.
- „Stricke" durch Schreiben möglichst gleichmäßig und eng weiter, bis das gesamte Kleidungsstück gefüllt ist!
- Bei manchen Kleidungsstücken, zum Beispiel bei den Ärmeln eines Pullis, musst du neue Reihen ansetzen.

Überall gespannte Drähte und bunte Schallwellen

An Strommasten verlaufen viele Kabel, an einem Sendemast werden viele unsichtbare Wellen verschickt.

- Zeichne mit Lineal und Fineliner die Stromdrähte oder Stromkabel nach links, rechts und oben weiter! Du kannst auch noch zusätzliche Drähte „spannen".
- Zeichne dann mit bunten Stiften und Lineal viele bunte Sendelinien ein! Sie sollen jeweils von einem Punkt ausgehen und wie ein einfarbiger oder bunter Fächer bis an die Blattränder gehen.
- Für diese Aufgabe brauchst du Geduld, Ausdauer und du musst stellenweise sehr sorgfältig und genau arbeiten.

Einfache Rasterflächenbilder

 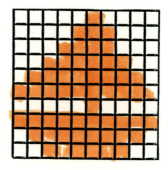

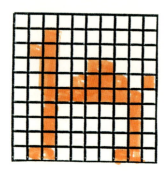 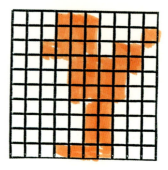

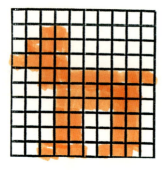 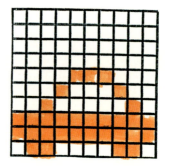

Mithilfe von quadratischen Rasterflächen kannst du einfache Figuren und Muster herstellen.

- Überlege dir am Anfang einfache Figuren oder Formen, wie zum Beispiel einen Tisch oder einen Stuhl von der Seite gesehen!
- Erfinde dann weitere Figuren wie zum Beispiel einfache Tiere, Gegenstände oder einen Menschen!
- Zeichne die Figuren, indem du die Kästchen mit Schwarz oder einer dunklen Farbe ausfüllst!
- Wenn du etwas schwierigere Figuren erfinden möchtest, zeichnest du zunächst mit Bleistift Kreuzchen oder Kringel in die Kästchen. So kannst du deine Figur besser aufbauen und Fehler leicht korrigieren.

- Du kannst deinen Mitschülern auch Figuren übermitteln, ohne dass du sie zeichnest. Zu diesem Zweck musst du die Rasterfläche nummerieren (1, 2, 3, ...) und/oder mit den Buchstaben des Alphabets belegen (A, B, C, ...). Beginne mit der Bezeichnung an der linken unteren Ecke der Rasterfläche! Verwende nach oben die Zahlen, nach rechts Buchstaben!
- Welche Figur entsteht, wenn du folgende Kästchen ausmalst:
C7, D1, D2, D3, D4, D5, D6, D7, D8, E4, E5, F4, F5, G1, G2, G3, G4?
Damit du den Überblick behältst, streiche die Bezeichnung des gemalten Kästchens durch!

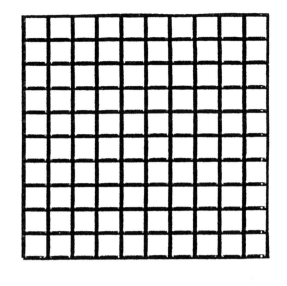
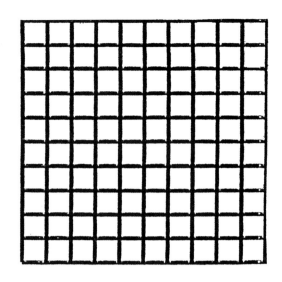
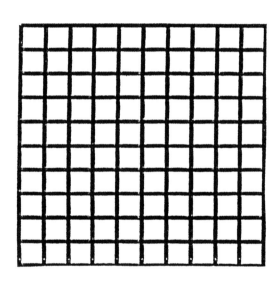
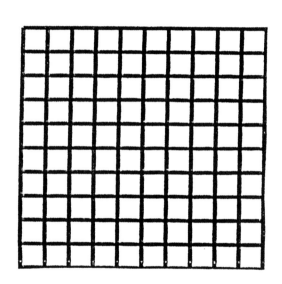
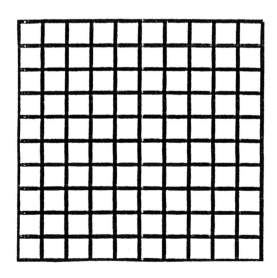
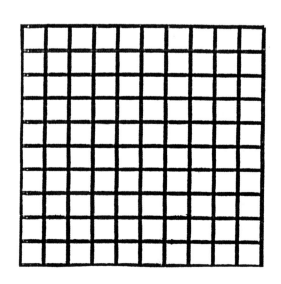

Bunte Rasterflächenbilder

Mithilfe von quadratischen oder anderen Rasterflächen kannst du bunte Figuren und Muster herstellen. Die Bilder erinnern dann an Mosaikbilder oder an Fotos, die aus vielen kleinen Farbquadraten bestehen.

- Überlege dir am Anfang einfache Figuren, Formen oder Muster!
- Erfinde dann weitere Figuren wie zum Beispiel einfache Tiere, Menschen, Pflanzen, Gegenstände oder Muster!
- Zeichne die Figuren oder Muster, indem du die Kästchen mit Buntstiften oder farbigen Filzstiften ausfüllst!
- Wenn du etwas schwierigere Figuren erfinden möchtest, zeichnest du zunächst mit Bleistift – ohne stark aufzudrücken – Kreuzchen oder Kringel in die Kästchen! So kannst du deine Figur besser aufbauen und Fehler leicht korrigieren.

Ich mische mir verschiedene Fruchtsäfte

Du hast es sicher schon einmal probiert oder vielleicht auch schon einmal beobachtet: Wenn man Säfte, Fruchtsaftgetränke oder besondere Sprudel mischt, mischen sich auch die Farben. Bei dieser Aufgabe sollst du immer mindestens zwei verschiedene Getränke in den Gläsern mischen und die Mischungsfarben beobachten.

- Überlege dir mehrere unterschiedliche Mischungsgetränke (zum Beispiel Kirschsaft und Orangensaft, Johannisbeersaft und Zitronensprudel, Multivitaminsaft mit Bananennektar, Karottensaft mit Himbeersaft)!
- Male jeweils in den unteren Teil des Glases den ersten Saft, wobei dieser nach oben immer dünner und wässriger wird. In den sehr wässrigen Teil bringst du die wässrige Farbe des zweiten Saftes. Dabei verlaufen die beiden Farben ineinander und mischen sich etwas.
- Nach oben kannst du die zweite Farbe etwas kräftiger malen.

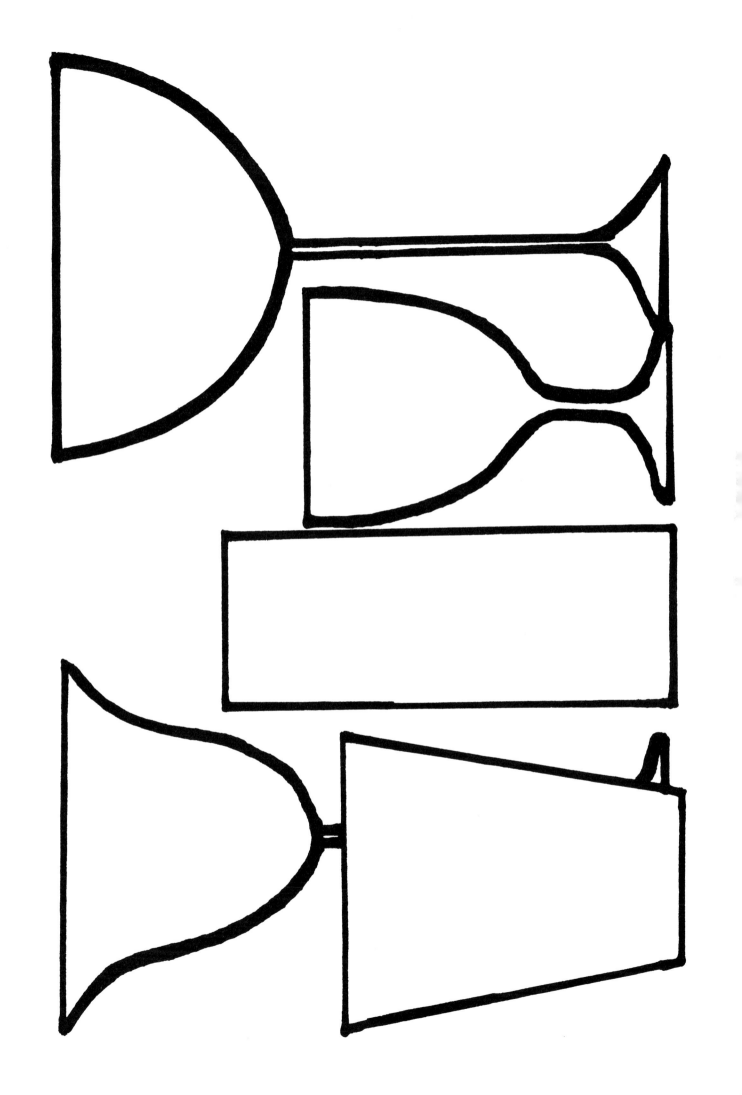

Plötzliches Schneegestöber

Ein plötzliches Schneegestöber kommt sozusagen wie aus dem heiteren Himmel herab. Vor lauter dicken Schneeflocken kann man Personen, Dinge und Landschaften kaum mehr erkennen. Als Bildgrundlage brauchst du ein Farbbild, am besten mit einer Landschaft. Es kann ein Zeitungs-, Illustrierten-, Prospekt- oder ein Kalenderbild sein (mindestens Postkartenformat, höchstens DIN-A4-Format).

- Für den Schnee brauchst du Deckweiß und einen Borstenpinsel oder Wattestäbchen zum Tupfen.
- Bei kleinen Formaten kannst du auch einen weißen Korrekturstift oder weiße Tusche verwenden.
- Das Bild sollte möglichst sehr dicht mit Schneeflocken getupft sein.

Mehr Äste und mehr Beeren

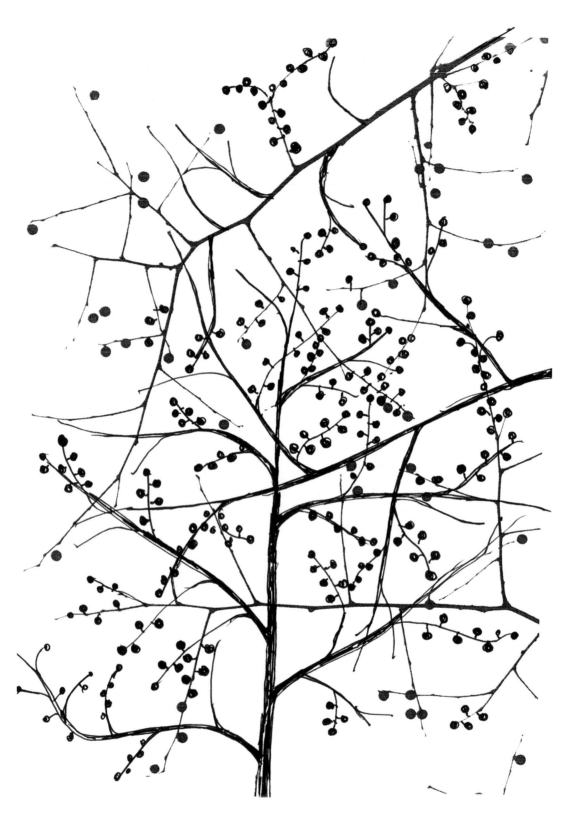

Das Bild ist noch etwas kahl. Stell dir vor, der dichte Nebel lichtet sich und es erscheinen immer mehr Äste und Beeren.

- Dicke Äste kannst du mit einem dünnen Haarpinsel und Tusche zeichnen. Du kannst auch Tusche verlaufen lassen oder verpusten.
- Feine Äste und Beeren zeichnest du mit einem Fineliner oder mit Tusche und Feder.
- Du kannst dein Bild oder Ausschnitte aus deinem Bild auch für dekorative Karten verwenden.

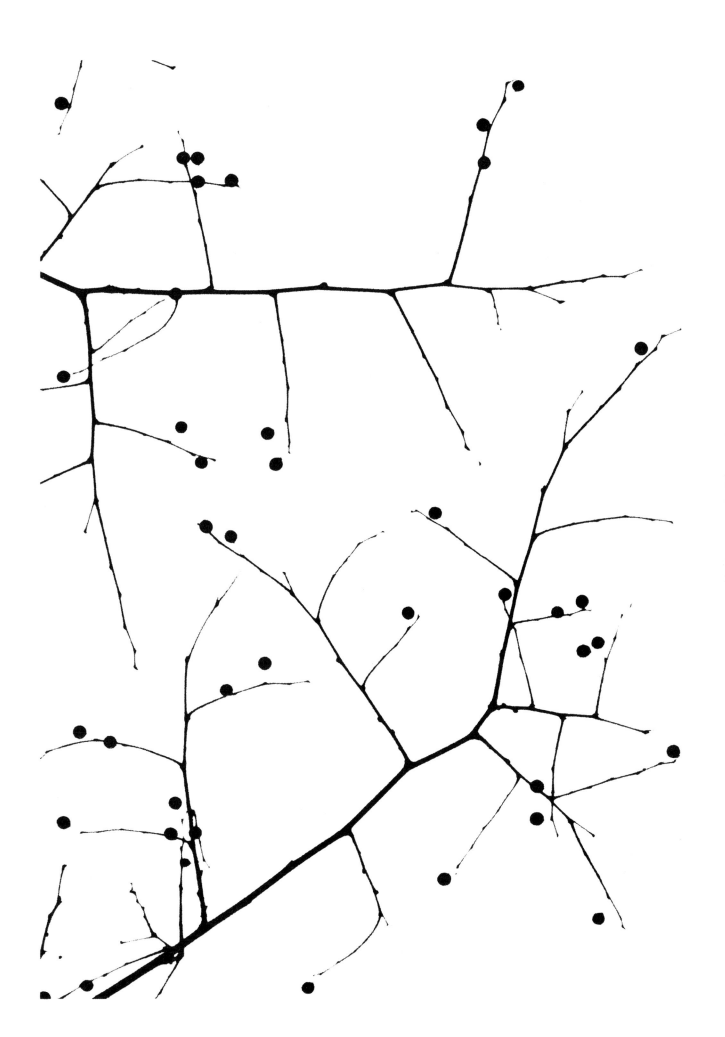

Roter Mohn mit gebogenen Stängeln

Für diese Aufgabe brauchst du ein DIN-A4- oder ein DIN-A5-Blatt, das etwas getönt sein sollte, einen Bleistift, einen dicken Haar- oder Borstenpinsel und einen dünnen Haarpinsel.

Du hast sicher schon einmal eine Mohnpflanze auf der Wiese gesehen. Sie hat leuchtend rote Blütenblätter und grüne Stängel, die nicht gerade, sondern oft geschwungen und gebogen sind.

- Beginne bei dieser Aufgabe möglichst mit den Blüten! Es sollten circa fünf bis acht Blüten sein. Es genügt, wenn du mit leuchtendem Rot verschieden große Farbblütenkleckse auf das Papier bringst. Die Blüten dürfen sich berühren oder sich teilweise verdecken.
- Skizziere mit Bleistift oder grünem Holzfarbstift den geschwungenen und teilweise bogenförmigen Verlauf der Stängel von der Blüte bis zum unteren Bildrand! Fahre dann den Verlauf mit einem dünnen Haarpinsel nach! Du kannst auch einige winzige Blättchen malen, tupfen oder spritzen.

Explosion der Farbfläschchen

Ein etwas verrückter Professor für Farbfindungen experimentierte in seinem Farbenlabor. Eines späten Abends explodierten alle seine Farbfläschchen. Der Professor konnte die Explosionen hinter seiner Schutzscheibe genau erkennen.

- Male zuerst die Farbfläschchen in verschiedenen, aber möglichst leuchtenden Farben an!
- Male dann grob die Zwischenräume mit hellen Farben an!
- Spritze dann Farben auf das Blatt oder verblase aufgetropfte Farbpfützen, bis der Hintergrund vollständig mit Farben bedeckt ist!

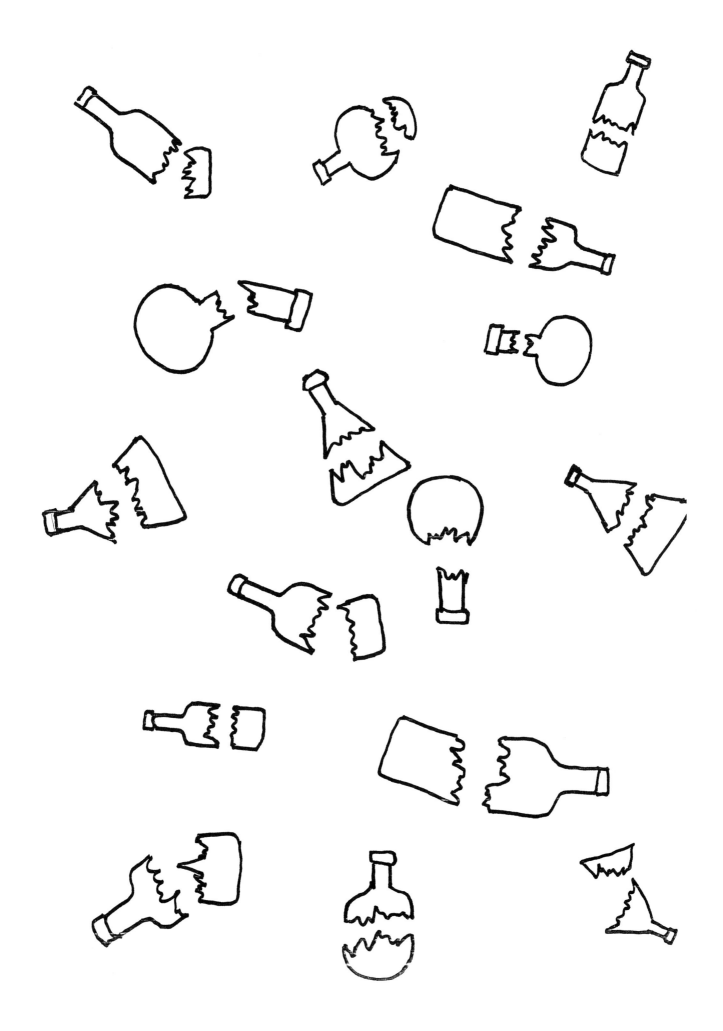

Ausgestaltung von Handumrissen

Hände haben Künstlerinnen und Künstler schon immer fasziniert. Sie sind nicht nur ein überaus kompliziertes natürliches Werkzeug, man kann mit ihnen auch Schattenfiguren darstellen oder sie in bestimmten Wirkungsabsichten bemalen.

- Überlege dir, was du aus den vorgegebenen Handformen machen könntest! Manche Umrisse erinnern an Tierköpfe.
- Zeichne mit dicken Holzfarbstiften und/oder Filzstiften, bei größeren Vorlagen mit Wasserfarben und kleinem Borstenpinsel!
- Du kannst auch eigene Handumrisse erproben. Vielleicht lässt du dir von einem Mitschüler (einer Mitschülerin) helfen.

Pilzversammlung

Du kennst vielleicht die Redewendung „sie schießen wie Pilze aus dem Boden". Das bedeutet, dass etwas sehr schnell wächst beziehungsweise auftaucht.

Stell dir ein Wald- und Wiesenstück vor, aus dem nach einem warmen Regen viele verschiedene Pilze aus dem Boden wachsen und stellenweise dicht gedrängte Pilzversammlungen bilden!

- Zeichne mit Filzstiften oder Buntstiften!
- Zeichne möglichst unterschiedliche Pilze, dabei kannst du die Grundform Stiel und Hut vielfach verändern: kleine und große, dicke und dünne, spitze und runde Kappen, gerader und bauchiger Stiel, einfarbige oder gemusterte Hüte!
- Du kannst auch eine kleine Pilzfamilie mit unterschiedlichen Größen, eine Pilzreihe, eine Pilzgruppe oder einen kleinen Pilzkreis zeichnen.

Muster-Erfinder

Muster sind hier als erfinderische Probestücke und als mögliche Zeichnung eines Stoffes, eines dekorativen Papiers oder einer Tapete zu verstehen. Mithilfe von quadratischen oder anderen Rasterflächen kannst du Muster erfinden. Die Indianer haben eine ganze Fülle unterschiedlicher Muster erfunden und ihnen dann zur besseren Unterscheidung besondere Namen gegeben.

- Nimm ein kariertes Papier und zeichne jeweils 15 bis 20 gleiche Zeichen in eine Reihe!
- Beginne mit einfachen Strichen und Zeichen; später kannst du zwei, drei oder vier Zeichen kombinieren und daraus Muster erfinden!
- Zum Schluss kannst du auch ein Kreuzmuster und Pfeilmuster oder ein anderes einfaches Figurenmuster erfinden.
- Du kannst auch Farbmuster entwerfen, indem du die Kästchen mit Buntstiften oder farbigen Filzstiften ausfüllst.

Erfundenes Vorbild

Die Malerin oder der Maler malt ein Bild. Sie oder er sitzt vor einer Staffelei, auf der das Bild steht. Die Malerleinwand und auch die große fast quadratische Fläche links neben der Staffelei sind noch leer, also noch nicht bemalt. Die Fläche könnte ein Bild, aber auch ein Fenster sein.

Stell dir vor, du bist die Person, die malen darf!

Was würdest du gerne malen?

- Du kannst dir ein Thema oder ein Motiv aussuchen. Male dein Motiv in das große Quadrat!
- Wenn du fertig bist, malst du das gleiche Motiv – nur etwas kleiner – auf das kleine Quadrat, also die Staffelei!
- Wenn du fertig bist, kannst du noch die Person und die Umgebung farbig gestalten.
- Verwende dicke Holzmalstifte und eventuell für die größeren Flächen Wasserfarben und einen kleinen Borstenpinsel!

Bekannt wie ein bunter Hund

Die Redewendung „Bekannt wie ein bunter Hund" heißt eigentlich, dass eine Person allseits bekannt ist und eventuell auch sofort auffällt.

Wir nehmen die Redewendung wörtlich und gestalten einen auffälligen bunten Hund.

- Überlege dir Farbmuster, Farbstreifen, Farbformen oder Farbfiguren, mit denen du deinen Hund gerne bekanntmachen möchtest!
- Du kannst auch die verschiedenen Vorschläge kombinieren, also zum Beispiel Farbstreifen mit Farbpunkten oder Schachbrettmuster und Blumen.
- Zeichne und male mit Holzfarbstiften und/oder Filzstiften!
- Wenn der Hund auf DIN A3 vergrößert wird, kannst du Wasserfarben und Borstenpinsel verwenden.

Viele kleine Menschen im Ohr

Es gibt den Ausspruch vom „kleinen Mann im Ohr". In das Baustellenohr kannst du sehr viele kleine Menschen einzeichnen.

- Zeichne sie zuerst als Strichmenschen oder setze sie gleich aus den wichtigsten Körperteilen zusammen!
- Zeichne mit Buntstiften viele Menschen in und um das Ohr!
- Sie können das Ohr putzen, das Ohr reparieren, das Ohr glattschleifen, das Ohr anmalen.
- Damit sie an den steilen Flächen nicht abrutschen und herunterfallen, sollten sie wie Bergsteiger angeleint werden oder Leitern benutzen.

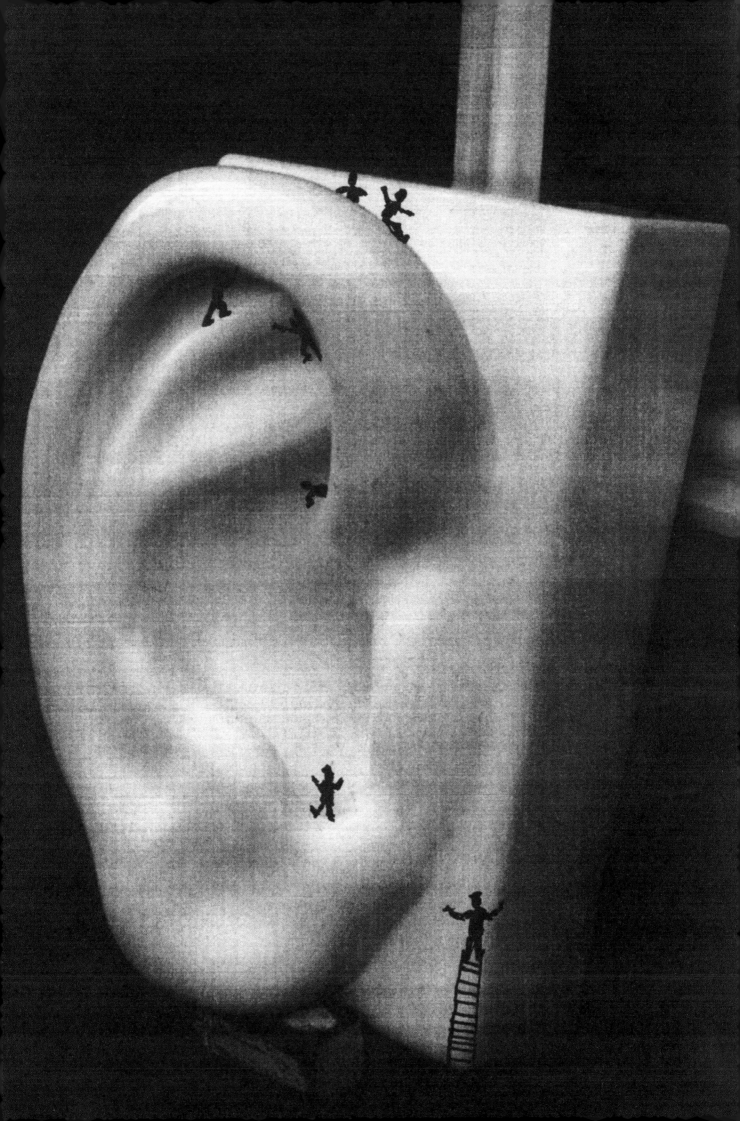

Galoppierende Pferde

Zwei Pferde galoppieren von links in das Bild. Du kannst die Farben der beiden Pferde und das Aussehen der Umgebung bestimmen.

Der Künstler Franz Marc hat auch Pferde und andere Tiere gemalt, aber den Tieren ganz andere Farben als in der Natur gegeben. Du kannst auch rosa, blaue, violette oder grüne Pferde malen. Die Landschaft ist auch ganz anders, vielleicht knallrot, orange oder schwarz.

- Male die Pferde und die Umgebung möglichst in Farben aus, die nicht in der Wirklichkeit vorkommen!
- Verwende Wasserfarben, eventuell auch Deckweiß und Borstenpinsel!

Ein Schuh verwandelt sich

Man kann es fast nicht glauben, aber normale Schuhe lassen sich in alle möglichen Dinge verwandeln.

- Überlege dir, was man aus der Schuhform entwickeln könnte!
- Wenn du keine eigene Idee hast, könntest du den Schuh in ein Schiff, ein Segelboot, ein Auto, eine Kutsche, ein Seifenkistenfahrzeug, ein Unterseeboot, einen künstlichen Fisch oder einen Hubschrauber verwandeln.
- Du kannst für die Ergänzungen Fineliner, Filzstifte und Holzfarbstifte verwenden.
- Bei schwierigen Ergänzungen kannst du mit Bleistift leicht vorzeichnen.

Cool and hot –
fast wie mit einer Wärmebildkamera fotografiert

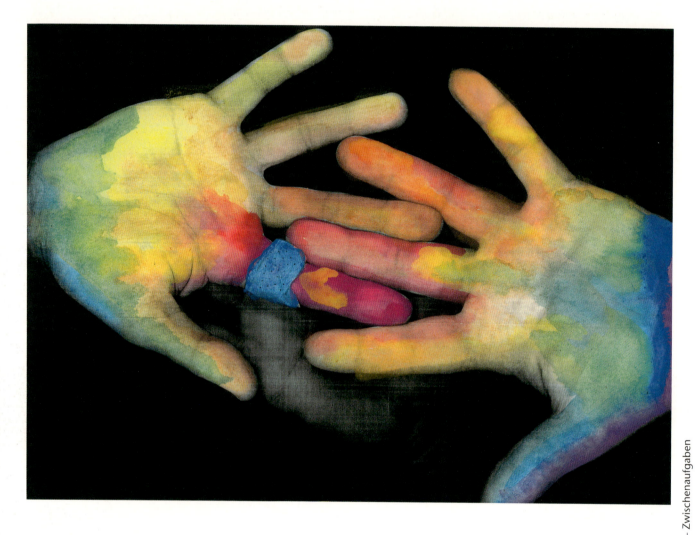

Mit einer Wärmebildkamera kann man Dinge etwas anders fotografieren, als das mit einer normalen Kamera der Fall ist. Man sieht auf den meist farbigen Bildern sogenannte Falschfarbenbilder, wo heiße, warme, lauwarme, kühle und kalte Stellen sind. Oft wird die hellste, das heißt der wärmste Teil des Bildes weiß dargestellt, die Zwischentemperaturen in Gelb-, Orange- und Rottönen und die kalten Teile des Bildes in Blau- und Grüntönen bis hin zu Violett.

- Male ein Falschfarbenbild mit deiner Fantasiewärmebildkamera!
- Wähle eine Kopie aus oder stelle selbst ein Umrissbild (z. B. deinen Handumriss, deinen Fußumriss, Kopf im Profil) her! Du kannst deine Hände auch kopieren.
- Zeichne mit einem gelben Holzfarbstift fantasievolle, aber einfach auszumalende Felder ein!
- Verwende zum Bemalen Wasserfarben oder Flüssigfarben und einen kleinen Borstenpinsel (Größe ca. 5 bei einem DIN-A4-Blatt)!
- Male die Felder mit deinen Wärmewasserfarben aus! Beginne mit dem leuchtenden Gelb, male dann weiter mit Orange oder Hellgrün!
- Die Farben können stellenweise leicht wässrig sein und auch ineinanderlaufen.
- Die dunklen Farben kommen zum Schluss an die Reihe.

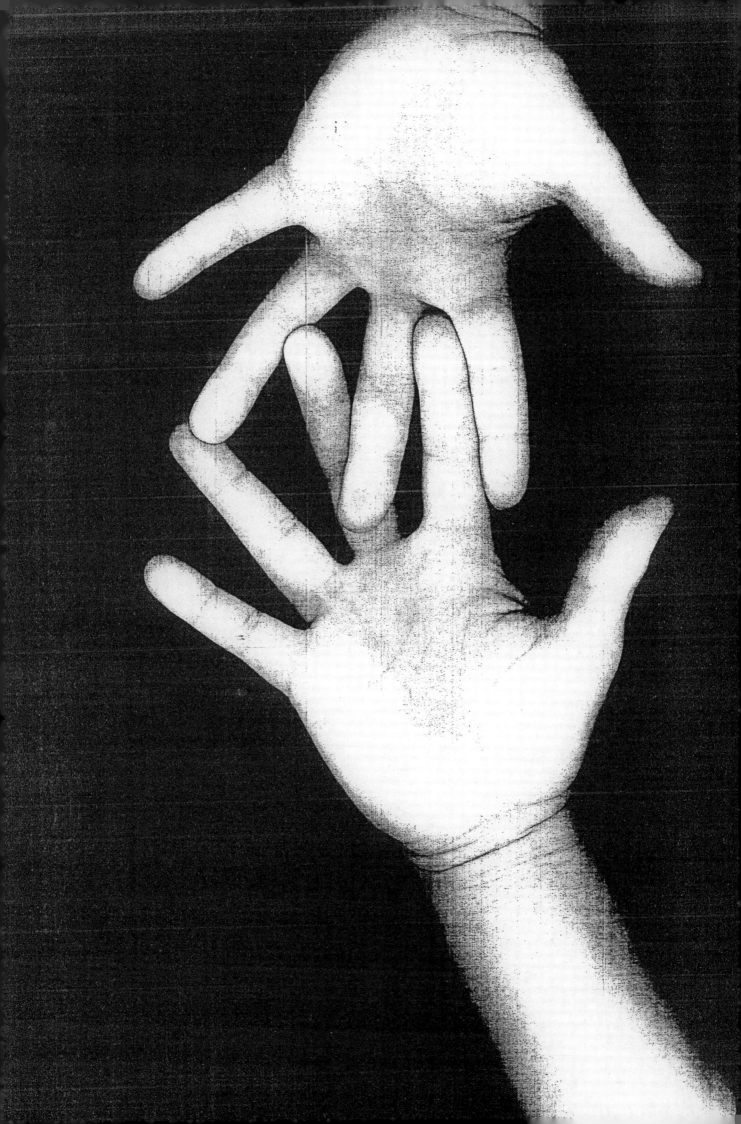

Kombiniertes Tortenspitzenbild

Mit Tortenspitzen kann man sehr fantasievolle und feingliedrige Figuren entwerfen.

Tortenspitzen gibt es preisgünstig in Haushaltsabteilungen von Lebensmittelmärkten.

Für die Arbeit werden nur die gemusterten Ränder benötigt.

- Diese Musterränder werden grob in Stücke geschnitten. Anschließend kann man sie in kleinere Stücke zerlegen.
- Wenn man einige abgeschnittene Stücke kombiniert, erhält man fantastische Figuren.
- Probiere einfach einmal einige Legebilder aus!
- Wenn du eine gute Formation oder Kombination gefunden hast, klebe sie auf schwarzes oder dunkelfarbiges Tonpapier der Größe DIN A4!

Schmetterling
mit Fehlern

Einige Schmetterlinge haben wunderbare Farben und Musterungen. Die Flügel sind symmetrisch, das heißt spiegelbildlich. Der Farbfleck auf dem linken Schmetterlingsflügel entspricht also genau dem Farbfleck auf dem rechten Schmetterlingsflügel.

Du kannst einen besonderen Schmetterling gestalten, in dem ein oder mehrere kleine Fehler versteckt sind.

- Male die einzelnen Flächen mit Holzfarbstiften aus!
- Baue mindestens einen kleinen Fehler ein, indem du eine andere Farbe verwendest!
- Den fertigen Schmetterling kannst du auch ausschneiden und auf ein farbiges Tonpapier kleben.

Herbstblätterfigur

Mit gepressten bunten Herbstblättern kann man fantasievolle Figuren zusammenstellen. Aufgabe ist, mit einem größeren und einem kleineren Blatt ein Fantasiewesen zu entwickeln und dieses auszugestalten.

- Suche zwei unterschiedliche Blätter aus!
- Probiere Figurenkombinationen aus, indem du die Blätter auf unterschiedliche Weise anordnest! Die Figur soll auf ein DIN-A4-Tonpapier passen.
- Klebe die Blätter auf und ergänze die Figur oder Teile der Umgebung mit bunten Stiften!

Im Computermusterland

Einfache Muster gibt es im Schreibprogramm eines PCs. Du findest sie zum Beispiel bei „Word" in der Menü-Leiste unter „Format".

- Klicke dann auf „Rahmen und Schattierung" und dort auf „Muster/Linienart"! Dort findest du mehrere Muster.
- Drucke Musterseiten aus und/oder kopiere Musterseiten!
- Überlege dir ein Motiv mit mehreren Dingen und skizziere es mit Bleistift!
- Schneide die Figuren aus den Musterblättern aus und klebe sie auf einen Bildgrund! Der Bildgrund kann weiß oder schwarz sein oder ebenfalls aus Mustern bestehen.

dunkel horizontal (waagerecht)
dunkel vertikal (senkrecht)
dunkel abwärts
dunkel aufwärts
dunkel Raster
dunkel Karo

hell horizontal (waagerecht)
hell vertikal (senkrecht)
hell abwärts
hell aufwärts
hell Raster
hell Karo

Bunte Sitzfiguren

Mit den Kopiervorlagen kannst du dir bunte dekorative Sitzfiguren für das Bücherregal, den Schreibtisch, die Fensterbank oder den Schrank herstellen.

- Bemale die Kopiervorlage mit deinen Farben! Du kannst dicke Farbstifte, aber auch Wasserfarben, Deckweiß und einen kleinen Borstenpinsel verwenden.
- Klebe die bemalte Kopiervorlage (siehe Seite 131 und Seite 159) auf möglichst stabile Pappstücke und schneide sie aus!
- Befestige die beiden Pappteile mit Klebstoff und eventuell einigen Reißnägeln an einem Holzstück oder Brettabschnitt! Dadurch entsteht erst die Sitzfigur.
- Du kannst mithilfe der Kopiervorlagen auch eigene Sitzfiguren erfinden und herstellen.

Übermalen von Postkarten und Prospekten

Für diese Aufgabe brauchst du eine möglichst preisgünstige Postkarte, zum Beispiel deines Heimatortes, Werbepostkarten mit Bildern, Prospekte im Postkarten-Format oder etwas größer, einen kleinen Borstenpinsel (Größe 5), Wasserfarben und Deckweiß.

- Verändere die Postkarte stellenweise durch Übermalen und vor allem durch Übertupfen von Bildteilen! So kannst du zum Beispiel den sprichwörtlichen hellblauen „Postkartenhimmel" in ein grauweißes Wolkenmeer, in ein leuchtendes Abendrot oder in rabenschwarze Nacht verwandeln.
- Die abgebildeten Gebäude und Landschaftsteile, aber auch Texte kannst du stellenweise durch Übertupfen und Übermalen verändern.

Für Gemeinschafts-arbeiten

Tanzfiguren fürs Mobile

Diese Tanzfiguren wurden nach berühmten Tanzfiguren des Künstlers Oskar Schlemmer gestaltet. Kopf und Oberkörper mit den breiten Schultern stehen fest und sind nicht veränderbar. Bei den beiden Oberarmen und den beiden Oberschenkeln kannst du dich für eine besondere Position entscheiden.

- Male zuerst Gesicht und Oberkörper mit Holzfarbstiften möglichst bunt an!
- Entscheide dich dann für eine bestimmte Position und male dann Oberarme, Unterarme, Hände sowie Oberschenkel, Unterschenkel und Füße an!
- Schneide deine Figur aus! Du kannst sie zusammen mit einigen anderen Figuren für ein großes Ballettbild oder du kannst deine Figur für eine dekorative Bildkarte verwenden.

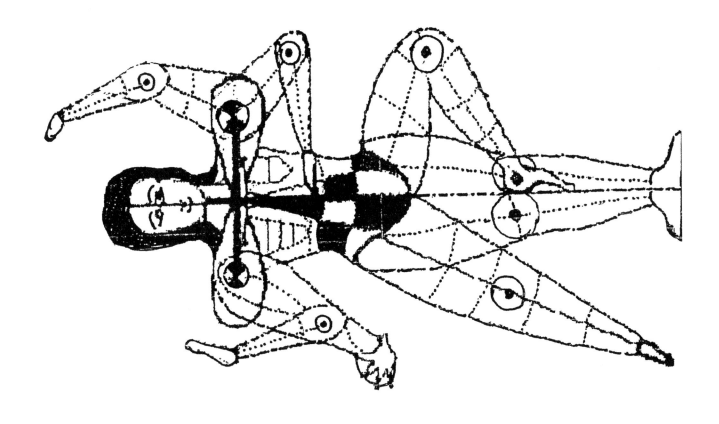
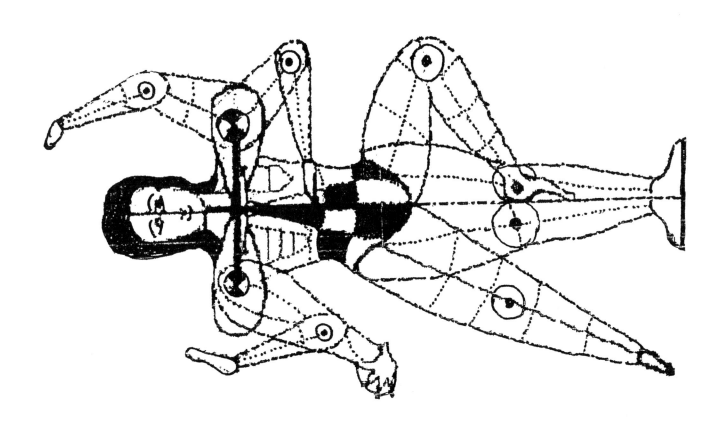

Ausstattung von Schachbrettmustern

Du kannst für ein Gruppenschachbrett oder ein Klassenschachbrett ungewöhnliche Figuren erfinden. Du brauchst dafür quadratische Blätter in Weiß und Schwarz. Es können auch sehr helle und sehr dunkelfarbige Papierquadrate sein. Die Größe der Quadrate sollte zwischen 7 und 10 cm Seitenlänge liegen.

- Entwirf und skizziere eine Figur mit einem Umriss, den du später noch ausschneiden kannst! Die Figur sollte also nicht zu klein und auch nicht zu kompliziert sein (z. B. Tier, Pflanze, Gegenstand, Buchstaben, Zahl und selbst erfundene Formen und Figuren).
- Wenn du mit einer kleinen Schere genau ausschneidest, entstehen immer zwei Teile: die Figur und die Umgebung der Figur. Wenn beide Teile gut gelingen, kannst du sie auf die quadratische Grundfläche kleben und schon hast du zwei Felder für die Schachbrettfläche hergestellt.
- Du kannst natürlich auch Dinge zeichnen oder collagieren. Dazu können auch flache dekorative Kleinteile aufgeklebt werden.

Tanzfiguren für einen Himmelstanz

Diese Tanzfiguren wurden nach einem Bild der Künstlerin Niki de St. Phalle mit dem Titel „sky dance" gestaltet. Übersetzt heißt das „Himmelstanz". Einige Tanzfiguren sind in den Wolken ganz zu sehen, bei vielen anderen sind nur Teile des Körpers zu erkennen.

- Male die Figuren möglichst in leuchtenden bunten Farben an! Verwende dazu Holzfarbstifte, Filzstifte oder Spezialleuchtstifte!
- Schneide deine Figur aus! Du kannst sie zusammen mit einigen anderen angemalten Figuren zu einem großen Himmels- und Wolkentanzbild zusammenstellen.
- Als Bildgrundlage eignen sich Wolkenmotivpapiere aus dem Kunst- und Hobbybedarf oder ein blaues Tonpapier.

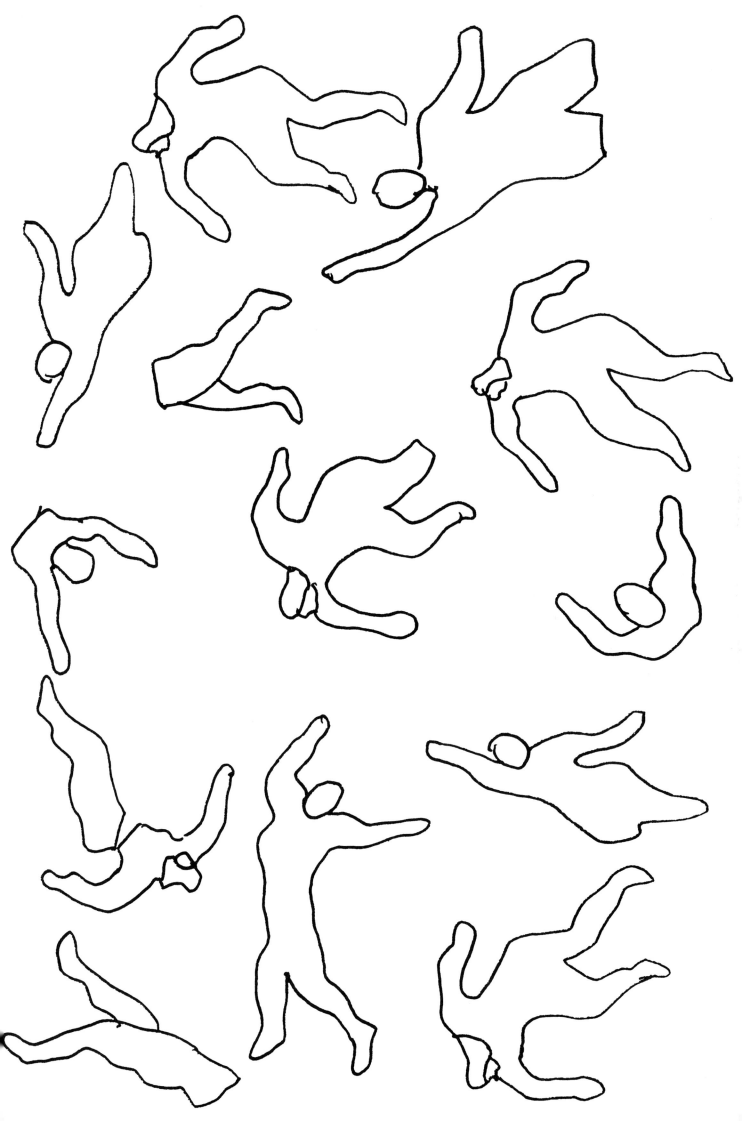

VOR-BEREITENDE AUF-GABEN

Vorbereitende Aufgaben können dann als Differenzierungsmaßnahme eingesetzt werden,

- wenn es sich um Arbeiten handelt, die keinen individuellen bildnerischen Ausdruck erfordern beziehungsweise individueller Ausdruck nur von untergeordneter Bedeutung ist;
- wenn die hergestellten Materialien oder Medien anschließend allen Schülern zur Verfügung gestellt werden;
- wenn die Aufgabe keine grundlegenden Arbeitstechniken vermittelt oder notwendige Fertigkeiten erst noch eingeübt werden müssen;
- wenn angemessene Zeitspannen und entsprechende Materialien zur Verfügung stehen.

Vorbereitungsarbeiten vollziehen sich in der Regel innerhalb der üblichen Unterrichtszeit oder bei neuen Schulformen innerhalb des üblichen Unterrichts beziehungsweise Schulalltags. Sie erfordern von den Schülern technische und vor allem auch soziale Kompetenzen, da sie für sich und auch für andere Mitschüler arbeiten.
Wichtig ist, dass die gesammelten Arbeitsergebnisse zur weiteren Gestaltung nach dem Zufallsprinzip verteilt werden. Das muss auch allen Schülern vorher bekannt sein und beugt Frustrationen vor.

Vorbereitende Aufgaben sind hier zeitlich begrenzte und je nach schulischen Gegebenheiten räumlich flexibel handhabbare Aktivitäten einer wechselnden Anzahl von Schülern.
Auf das Fach Kunst bezogen kennzeichnet die vorbereitende Arbeit eine Vorgehensweise, die nicht die im üblichen Rahmen vorgesehenen (bildnerischen) Problemlösungsstrategien erfordert.
Vielmehr wird ein Material- und Technikangebot vorgestellt und vorgegeben, das ohne ständige Einwirkung der Lehrkraft zu verschiedenen Lösungen und selbst entwickelten Bearbeitungs- bzw. Herstellungstechniken führen kann.

Eventuell ist eine den praktischen Erfordernissen angepasste Umstellung der Tische und Stühle, die Nutzung des Flurs, weiterer Schulräume oder der zeitweise Umzug ins Freie oder sogar in einen Werkraum möglich.
Vorbereitende Aufgaben erfordern ein Mindestmaß an selbstständigem Arbeiten, denn die Anweisungen müssen möglichst sofort verstanden und ohne ständiges Nachfragen erledigt werden können. Der Einsatz von Vorbildern ist häufig erforderlich.
Vorbereitende Aufgaben erfordern aber auch Durchhaltevermögen, denn die Schüler müssen mehrmals ähnliche, ab und zu fast identische Dinge herstellen.

FARBPAPIERE ZUR WEITERVERARBEITUNG herstellen

Farbverblaspapiere

Bei dieser Farbpapierart wird Flüssigfarbe auf ein festes Blatt (ab Format DIN A5) oder auf einen DIN-A3-Malblock getropft und anschließend direkt mit dem Mund und/oder mit einem Hilfsmittel (Trinkhalm, Luftpumpe usw.) verblasen.

Bei dieser Arbeit sollte man möglichst atmungsbezogene Überanstrengung vermeiden. Das Pusten wird mit der Zeit immer schwerer und man sollte kurze „Verschnaufpausen" einlegen.

Die so entstandenen Farbpapiere können als ausdeutbare, überzeichenbare, übermalbare, collagierbare Bildgründe verwendet oder als Schmuckpapiere für Karten oder für Verpackungen verwendet werden.

Arbeitsanleitung

- Rühre mit einem Borstenpinsel Wasserfarben mit viel Wasser an!
- Tropfe die Farbe auf das Blatt oder streife die Farbe mit zwei Fingern vom Pinsel ab!
- Verpuste sofort die entstandenen Farbpfützen! Drehe dabei ab und zu das Blatt oder verändere die Pusterichtung!
- Beginne mit den hellen Farben (Gelb, Orange usw.)! Verwende erst später die dunklen Farben und Schwarz!
- Lasse die Farben zwischendurch antrocknen! Das verschafft dir eine Pustepause und ermöglicht auch weitere Farbwahlüberlegungen.
- Du kannst gleichzeitig an mehreren Papieren arbeiten.

Farbspritzpapiere herstellen

Die Herstellung von Spritzpapieren erfordert einige Vorbereitungen und Maßnahmen. Dazu gehören das Abdecken der Tische beziehungsweise des Fußbodens und das Tragen von Schutzkleidung.

In den meisten Fällen werden schon aus Kostengründen Wasserfarben oder verdünnte Dispersionsfarben verwendet. Es können aber auch farbige Tuschen oder andere hochwertige Flüssigfarben verwendet werden.

Mit einem möglichst großen Borstenpinsel (ab Größe 12) wird Farbe aufgenommen und durch ruckartige Bewegungen aus dem Handgelenk auf das Blatt gespritzt.

Man kann den Pinsel auch über einen Zeigefinder abschlagen oder mit zwei Fingern die Farbe aus dem Pinsel aus größerer Höhe abstreifen.

Es sind kleine und große Formate sowie unterschiedliche Materialien möglich.

Bildgrundlagen sind in der Regel weiße oder farbige Papiere minimal DIN A4 bis hin zu Großformaten.

Später können interessante Ausschnitte gefunden und weiter genutzt werden.

Daneben können auch getönte Papiere, Pappen, Abschnitte von Tapetenbahnen, Seiten aus Tapetenmusterbüchern, Kalenderbilder, Zeitungsseiten, Plakate, Stoffe, Transparentpapiere und sogar transparente Kunststofffolien verwendet werden.

Arbeitsanleitung

- Wähle je nach späterer Weiterarbeit weiße oder farbige Papiere aus!
- Rühre mit einem Borstenpinsel Wasserfarben mit viel Wasser an!
- Spritze die Farbe auf das Blatt, indem du den Pinsel über deinen Zeigefinger abschlägst!
- Du kannst auch den Pinsel mit den Fingern abstreifen und Tropfspuren herstellen.
- Du kannst auch Spritzen oder Schraubgläser mit Farbflüssigkeit und einer kleinen Öffnung im Schraubdeckel verwenden.
- Du kannst gleichzeitig an mehreren Blättern arbeiten. Sie müssen nicht völlig mit Spritzern oder Tropfen gefüllt sein.

Abklatschpapiere

Es gibt unterschiedliche Arten, Abklatschpapiere herzustellen. Geeignet sind vor allem nicht stark saugende Papiere sowie Papiere mit glatten, auch glänzenden Oberflächen (z. B. zugeschnittene alte Kalenderblatt-Rückseiten, Plakat-Rückseiten usw.).

Die einfachste Art ist, ein Blatt in der Mitte zu falten und wieder aufzufalten.

Auf einer Seite der halbierten Blattfläche werden Flüssigfarben (Wasserfarben, verdünnte Dispersions- o. a. Farben) in Form von kleinen Farbpfützen aufgebracht (aufgetropft, ausgegossen). Anschließend wird das Blatt zugeklappt und es entstehen symmetrische Farbgebilde.

Der Abklatschvorgang kann mehrmals wiederholt werden.

Alternativ zum Klappbild kann auf das eingefärbte Blatt ein weiteres Blatt aufgelegt und „abgeklatscht" werden. Bei dieser Art muss schnell gearbeitet werden, damit die Farben nicht zu stark antrocknen und ein Abklatsch gut sichtbar ist.

Auch bei dieser Technik können farbige Papiere verwendet werden.

Arbeitsanleitung

- Falte ein Blatt in der Mitte in Längs- oder Querrichtung!
- Klappe das Blatt wieder auf, sodass es wie ein offenes Buch vor dir liegt!
- Bringe mit einem großen Pinsel möglichst rasch mehrere Farbpfützen auf eine Seite des Blattes!
- Klappe das Blatt zu und drücke beide Blattseiten vorsichtig zusammen!
- Du kannst den Auftropf- und Abklatschvorgang mehrmals wiederholen.

Tipps zur Weiterarbeit

- Flammenhölle
- Auf einem fremden Planeten
- In der Eishöhle
- Regentag
- Flimmernde Sommerhitze
- Gebirgslandschaft
- Grundlage für Kopien mit Folien, Grundlage zum Bedrucken oder Collagieren

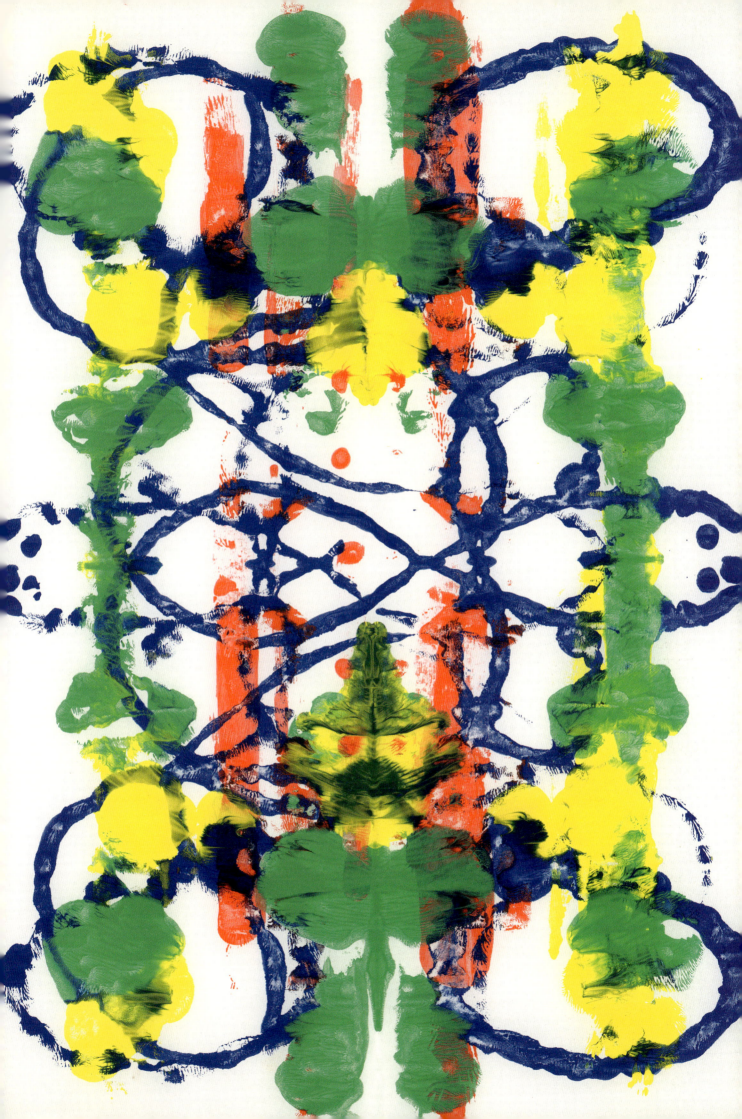

ORGANISIEREN UND HERSTELLEN VON SAMMELOBJEKTEN

Sammelobjekte müssen in irgendeiner Form auch in der Schule ausgestellt und vorgestellt werden. Für die Präsentation benötigt man für unterschiedliche Dinge auch unterschiedliche Objekte.

Eierschachteln

Eine einfache Art der Herstellung von Sammelobjekten ist das Bemalen von Eierschachteln aus Pappe.

Dazu werden Sechserpacks, Zehnerpacks oder Paletten mit Dispersionsfarben oder anderen gut deckenden Flüssigfarben bemalt. Als Pinsel eignen sich große Borstenpinsel oder kleine Malerpinsel.

Mit den Eierkartons können nicht nur bemalte Eier, sondern auch Steine, Schmucksteine, Murmeln, Minifiguren gesammelt und präsentiert werden.

Schachtelräume

Für die Ausstellung von dreidimensionalen Figuren oder für die Präsentation von zweidimensionalen Objekten in einem Raum eignen sich gestaltete Schachteln. Diese möglichst stabilen Pappschachteln sind nur an einer Seite offen, besitzen also eine Rückwand und vier Seitenwände.

Die Innenseiten können zunächst bemalt oder beklebt werden. Dazu eignen sich Dispersionsfarben und ein großer Malerpinsel, für das Bekleben Klebstoff oder Kleister. Genutzt werden können Tapetenreste, farbige Papiere, Geschenkpapiere, Stoffreste und farbige Transparentpapiere.

Neben den Innenseiten kann mit den sichtbaren Außenwänden entsprechend verfahren werden.

Schachteldeckel kombiniert

Um eine größere Ausstellungsfläche für Bilder und flache Objekte (z. B. reliefartige Bilder) zu erhalten, können mehrere kleine Schuhschachteldeckel oder auch andere flache Schachteldeckel kombiniert werden.

Diese werden zunächst probeweise auf eine stabile Pappe, Hartfaser- oder Pressspanplatte gelegt und Kombinationen erprobt. Dann werden die Deckel aufgeklebt und mit einer Farbe (Dispersions- oder andere gut deckende Flüssigfarben) bemalt.

Je nach Ausstellungsidee können auch Farbmuster (z. B. Streifen, Schachbrett) oder eine bunte Vielfalt entstehen.

Drapieren von Objekten

Dreidimensionale Objekte können von einzelnen Schülern oder einer Kleingruppe oft auf unspektakuläre Art sehr ansprechend präsentiert werden. Dazu werden zum Beispiel einfache Schachteln mit Stoffresten, alten Tischdecken oder Betttüchern zu ansprechenden Sockeln und Podesten umgestaltet.

Präparieren von Objekten

Neben den genannten Möglichkeiten können noch viele weitere Präsentationsobjekte für gesammelte Dinge präpariert werden. Dazu gehören zum Beispiel große Äste, aufgespannte Schirme, Fahrradräder mit Speichen, große Pappröhren als Säulen, gespannte Seile, aber auch eine gestaltete Plastikbecher- oder Gläsersammlung.

Anhang

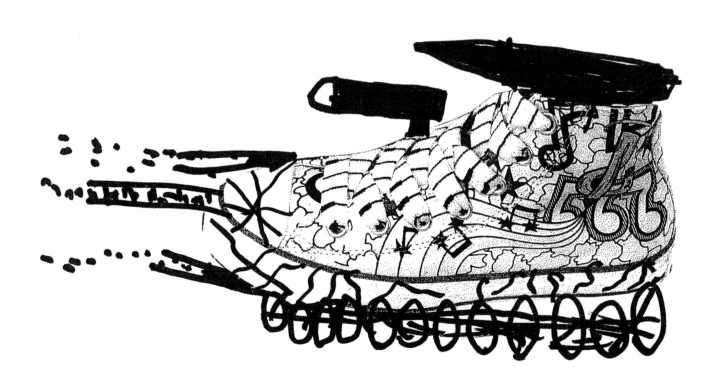

Auer empfiehlt

Die optimale Ergänzung zu diesem Buch:

Manon Sander

Kunst aus einfachen Materialien
Unterrichtsideen für die Grundschule mit wenig Aufwand und großer Wirkung
Band 1

▶ Raffiniert aussehende Kunstwerke überraschend einfach herstellen!

Malen, kleben, basteln, drucken – für diese einfachen Techniken hat die Autorin spannende und abwechslungsreiche Unterrichtsideen entwickelt. Diese können zunächst unter Anleitung, von älteren Kindern auch allein hergestellt werden. Die Schüler pusten mit Wasserfarben ein Feuerwerk, gestalten einen grünen Planeten, stellen aus zwei Bildern ein neues her, legen Winterlandschaften aus Wolle u. v. m.

Nach einleitenden, grundsätzlichen Informationen zur Organisation des Kunstunterrichts werden die Ideen einzeln erklärt. Hinweise zu Schwierigkeitsgrad, Material und je ein großes Farbfoto garantieren einen umfassenden Überblick.

Tolle Fantasiegeschichten ermöglichen dabei einen optimalen Einstieg. Viele Vorlagen helfen beim Herstellen der kleinen Kunstwerke. Anschauliche Anleitungen für die Hand der Kinder runden diesen Band sinnvoll ab.

Ein grundlegendes Werk für alle Lehrerinnen und Lehrer, die fachfremd unterrichten und für diejenigen, die die Kreativität der Schülerinnen und Schüler fördern möchten.

76 S., DIN A4, farbig
▶ Best-Nr. **4526**

In dieser Reihe bereits erschienen

Manon Sander
Kunst aus einfachen Materialien – Band 2
Unterrichtsideen für die Grundschule mit wenig Aufwand und großer Wirkung
72 S., DIN A4, farbig
▶ Best-Nr. **4824**

Manon Sander
Kunst aus einfachen Materialien – Band 3
Unterrichtsideen für die Grundschule mit wenig Aufwand und großer Wirkung
72 S., DIN A4, farbig
▶ Best-Nr. **6238**

Bestellschein (bitte kopieren und faxen/senden)

Ja, bitte senden Sie mir gegen Rechnung:

Anzahl	Best.-Nr.	Kurztitel
	4526	Kunst aus einf. Materialien – Bd. 1
	4824	Kunst aus einf. Materialien – Bd. 2
	6238	Kunst aus einf. Materialien – Bd. 3

☐ Ja, ich möchte per E-Mail über Neuerscheinungen und wichtige Termine informiert werden.

_____
E-Mail-Adresse

*Der E-Mail-Newsletter ist kostenlos und kann jederzeit abbestellt werden. Ihre Daten werden im Rahmen der gesetzlichen Vorschriften geschützt.
Nähere Informationen zum Datenschutz finden Sie unter: www.auer-verlag.de/go/daten

Auer Verlag GmbH
Postfach 1152
86601 Donauwörth

Fax: 09 06 / 73-177
oder einfach anrufen:
Tel.: 09 06 / 73-240
(Mo-Do 8:00-16:00 & Fr 8:00-13:00)
E-Mail: info@auer-verlag.de

Absender:

Aktionsnummer: 94180

_____
Vorname, Nachname

_____
Straße, Hausnummer

_____
PLZ, Ort

_____
Datum, Unterschrift